Anton Frank – Pflegenotstand? Doch nicht bei uns!

Das Buch

Rund 1 Million Menschen arbeiten in der Gesundheits- und Krankenpflege, doch wie sieht der Alltag hinter den Kulissen aus? Der Autor Anton Frank hat über mehrere Jahre die Geschichten seiner Frau Barbara gesammelt, die als Krankenschwester auf einer Inneren Station arbeitet. 99 Geschichten erzählen in 6 Kapiteln von heiteren, amüsanten bis hin zu ernsten und dramatischen Momenten im stationären Alltagsbetrieb. Am Ende wird sichtbar: Es fehlt bis heute an Wertschätzung und Unterstützung durch die Politik und Gesellschaft, aber auch durch Verantwortliche vor Ort. Ein anrührendes und berührendes Buch, authentisch und ehrlich.

Der Autor

Anton Frank, verheiratet mit einer Krankenschwester, hat großen Respekt vor dem Engagement in den Pflegeberufen. Selbst in einem sozialen Beruf tätig, sucht er mit seiner Frau Barbara immer wieder Ausgleich in ausgedehnten Radtouren.

Anton Frank

Pflegenotstand?
Doch nicht bei uns!

99 Geschichten

aus dem Alltag einer

Krankenschwester

**Bibliografische Information der
Deutschen Nationalbibliothek:**

Die Deutsche Nationalbibliothek verzeichnet diese
Publikation in der Deutschen Nationalbibliografie,
detaillierte bibliografische Daten sind im Internet über
www.dnb.de abrufbar.

TWENTYSIX – Der Self-Publishing-Verlag
Eine Kooperation zwischen der Verlagsgruppe Random
House und BoD – Books on Demand

© 2017 Frank, Anton

Herstellung und Verlag:
BoD – Books on Demand, Norderstedt.

ISBN: 9783740731007

Inhalt

Vorwort

„Ich muss zum Dienst …" – wie oft habe ich diesen Satz im Laufe meines Lebens schon gehört. „Hoffentlich wird es nicht so schlimm" folgt dann manchmal, „heute bin ich mit einer Schülerin allein auf der Station" wird hinzu gefügt, oder auch „bei uns sind gerade alle krank". Entsprechend selten habe ich erlebt, dass meine Frau Barbara entspannt in den Dienst gestartet ist. Und da hilft auch ein aufmunterndes „Du wirst es schon schaffen" nicht allzu viel. Auf einer Inneren Station gibt es einfach keine Routine. Schwere Erkrankungen, noch unklare Diagnosen, Patienten, die wiederholt zum Entzug kommen, junge und alte, anstrengende oder ganz liebe Patienten: Es ist ein eigener Kosmos, unser Gesundheitssystem, und sobald die Arbeitskleidung angezogen ist, die Haare zum Pferdeschwanz gebunden sind, hat man zu funktionieren. Und es soll ja auch nichts schief gehen. Sind die Tabletten richtig gestellt? Hat man den zuständigen Arzt rechtzeitig informiert? Wissen die Angehörigen schon Bescheid? Sind die Unterlagen abgeholt? Dazwischen geht die Klingel. Müssen „Kurven" geschrieben werden, sind „Pflegestandards" einzuhalten. Ich gestehe, dass ich diese Dauerbelastung selbst kaum aushalten würde. Wie oft bringt meine Frau ihr **Pausenbrot** wieder mit nach Hause, weil sie keine Zeit gehabt hatte, es in Ruhe zu essen. Aber dann ist es doch irgendwann „geschafft“, und das ist meist ein gutes Gefühl. Nach Hause gehen zu können und zu wissen, die Verantwortung liegt jetzt in anderen Händen. Die Tasche abwerfen zu dürfen und sich an den Tisch zu setzen: Entweder ein spätes Mittagessen gegen 15 Uhr nach dem Frühdienst oder ein nächtliches Abendessen gegen 22 Uhr nach dem Spätdienst. Oder eben das „Frühstück“ gegen 15 Uhr nach dem Ausschlafen bei Nachtdiensten. Das kulinarische Privatleben braucht Flexibilität, und zum Glück arbeite ich einem Beruf, in dem ich mich darauf einstellen kann.

Ja, und dann wird erzählt. Nicht immer, aber oft genug, sodass ich irgendwann angefangen habe, die Geschichten aufzuschreiben. Datenschutz und Schweigepflicht zwingen dazu, die Geschichten zu anonymisieren, aber Namen und Orte des Geschehens sind auch völlig nebensächlich. Die Dinge hätten sich so auch in jedem anderen Krankenhaus zutragen können.

Bei aller Diskussion um unser Gesundheitssystem zeigt sich in diesen Geschichten, dass unser Gesundheitssystem nur „menschlich“ bleibt, wenn es gelingt, füreinander Verständnis aufzubringen, Geduld zu haben, nachsichtig zu sein und nicht zuletzt eine Stange Humor zu vertragen. Denn immer mehr Vorschriften engen den Spielraum ein und verhindern, dass mit „gesundem Menschenverstand“ gearbeitet und mit „Herz“ entschieden wird.

So möchte dieses Buch auch den Blick dafür öffnen, dass unsere Krankenhäuser immer noch Orte des Lebens sind mit der ganzen Palette des menschlichen Daseins: Trauriges und Vergnügliches, Ernstes und Heiteres. Und bei allem: Orte zutiefst menschlicher Erfahrungen. Viel Vergnügen bei der Lektüre!

1. Kapitel: Krankenschwestern und Ärzte

Auch in meiner Fantasie gibt es sie noch: die Krankenschwestern, die im Dienstzimmer mit der Kaffeetasse in der
Hand schwatzend und gestikulierend alles Mögliche diskutieren, sich aber nicht darauf einigen können, wer aufspringt,
um zu schauen, welcher unverfrorene Patient mal wieder geklingelt haben könnte. Man steht eigentlich nur auf, um die
Kaffeemaschine neu zu befüllen. Oder eine rauchen zu gehen. Doch diese Vorstellungen entspringen wirklich der rei-
nen Fantasie. Auch die „Halbgötter in Weiß" gehören einer
anderen Generation an. Ärzte sind heute nicht mehr die un-
umstrittenen Autoritäten, wie man sie vielleicht noch aus der
„Schwarzwaldklinik" im Fernsehen kennt. Und doch: All
diese Bilder spielen unbewusst eine Rolle, sei es im Aufei-
nandertreffen von Patienten und Pflegepersonal, sei es im
komplizierten Gefüge von Pflegekräften und Ärzten. Auch
wenn man schnell untereinander auf Station per du ist, es gibt
trotzdem Hierarchien, ausgesprochene und unausgespro-
chene. Da ist jemand eben „nur" eine „einjährige Schwester", die im Schnelldurchlauf ihre Ausbildung gemacht hat
und entsprechend weniger Verantwortung zu tragen hat. Da
ist eine Schülerin „Kurs 1", „Kurs 2" oder eben schon „Kurs
3". Da gibt es Assistenzärzte, Oberärzte und Chefärzte.
Letztlich ist es aber dann doch eher Zufall, ob eine gute

Konstellation von Leuten aufeinander trifft oder ob die Zusammenarbeit immer wieder auf harte Proben gestellt wird. Wer Morgenmuffel ist, aber trotzdem zum Frühdienst anrücken muss, macht es den Kolleginnen nicht unbedingt leichter, mit dem Dienst zu beginnen. Wer privat viele Probleme zu lösen hat, bringt diese Stimmungen mit auf Station und kann unter Umständen ganz schön nerven mit all den Geschichten der ungelösten Probleme. Es ist sicherlich auch ein Unterschied, ob ein Team aus lauter Frauen besteht oder ob wenigstens ein, zwei Männer dabei sind. Alles in allem: Ein gutes Team gehört zur Arbeitszufriedenheit, mehr noch als ein üppiges Gehalt. Wenn Barbara davon spricht, dass sie ihre Arbeit nicht mehr machen könne, wenn sie nicht ein so gutes Team hätte, glaube ich ihr das sofort. Bei den folgenden Geschichten wird deutlich: Der Stationsalltag kann unglaublich hart und herausfordernd sein. Aber es gibt dazwischen immer wieder Momente des Überraschtseins, Slapstickmomente, die nur das Leben so erfinden kann. Schauen wir mal hinein in diesen Alltag von Höhen und Tiefen einer Krankenschwester.

Schmerzende Füße

Der neue Stationsarzt klagt: „Mir tun jeden Abend die Füße so weh! Darauf habe ich einfach keine Lust mehr!" Er war zuvor in einer Reha-Einrichtung. Vermutlich waren da die Patienten immer zu ihm gekommen.

Wir, die wir gerne Wandern gehen, sitzen gerade entspannt am Küchentisch, als mir Barbara davon berichtet. Doch sie bestätigt mir ebenfalls: „Wenn man einige Tage frei hatte und dann nach dem ersten Dienst wieder nach Hause kommt, dann meint man, es würden einem die Füße abfallen!" Erst am zweiten Tag ist es dann wieder besser. „Was meinst du eigentlich, welche Strecken du in einer Schicht zurück legst?" frage ich Barbara. „Kürzlich hat eine Kollegin mal einen Schrittzähler mitgebracht", antwortet Barbara, „die ist auf fast 10 km gekommen!" Ich bin beeindruckt, schaffe ich es doch in einer „Schicht" maximal auf 10 Radkilometer.

Ein Arzt wie aus einer Fernsehserie

Ein neuer, attraktiver Stationsarzt arbeitet seit einiger Zeit auf der Station. Es ist Sonntagmorgen. Barbara kommt gegen 6 Uhr zum Dienst. Die Nachtschwester unterhält sich gerade mit den beiden Schwestern, die mit Barbara zum Frühdienst eingeteilt sind. Die drei sprechen darüber, dass das doch ein äußerst netter, attraktiver Arzt sei, der da neu angefangen habe. Wie aus dem Bilderbuch. Die etwa 50-jährige Nachtschwester sagt zur jüngeren der beiden Mitschwestern: „Tja, da bist du wohl zu spät dran. Er hat schon zwei Kinder!" Die Schwester ist völlig überrascht. Barbara bestätigt: „Ja, das wusste ich auch schon!" Völlig verblüfft antwortet die Mitschwester: „Barbara, hast du etwa die Lage auch schon gecheckt?" Ehe Barbara antworten kann, ruft die Nachtschwester in die Runde: „Wir hatten eigentlich schon lange kein Techtelmechtel mehr auf Station!"

„Oh, diesen Arzt würde ich auch gerne mal kennenlernen", meine ich am Nachmittag, gerade den Sonntagskuchen essend. „Wann gab es denn bei euch das letzte 'Techtelmechtel'?" – „Das scheint wirklich schon lange zurück zu liegen", antwortet Barbara, „das muss vor meiner Zeit gewesen sein. Da hat sich eine junge Schwester auf der Station einen Oberarzt geangelt ..." – „Sag mal", meine ich, „kommt heute noch irgend so eine Arztserie, die wir schauen könnten?"

Frohe Weihnachten!

Arzt 1 verabschiedet sich bei Arzt 2: „Frohe Weihnachten!" Keine ungewöhnliche Verabschiedung am 23. Dezember. Und Arzt 1 rauscht ab in den verdienten Urlaub über die Weihnachtsfeiertage. Ungewöhnlich nur: Barbara und Schwester Ilse stehen direkt daneben. Kein Ton zu ihnen. Als wären sie Luft. Etwas entgeistert schauen sie sich an. Arzt 1 ist ihr Stationsarzt.

Ich muss wirklich lachen, als mir Barbara etwas aufgebracht davon erzählt. „Aha", denke ich, „da sind die Schwestern dann doch etwas empfindlich." Immerhin, in meiner „Firma" gab es heute sogar ein weihnachtliches Kaffeetrinken zum Abschied in die Weihnachtsferien ...

Egon

„Ich bin der Egon!" – ein neuer Mitarbeiter steht morgens um 7 Uhr in einem weißen Kittel ohne Namensschild im Stationszimmer. Das wird auf einer großen Station schon seine Richtigkeit haben. Kurze Zeit später fragt er, was die „schwarz geschriebenen Namen auf dem Bildschirm" zu bedeuten hätten. Barbara erklärt es ihm: „Das sind die Patienten, die angemeldet sind zur Aufnahme." Egon fragt zurück: „Wer nimmt sie auf?" Die Antwort von Barbara: „Der Stationsarzt", nicht wissend, dass „Egon" der neue Stationsarzt ist. Der Nachname bleibt zunächst im Dunkeln. Aber er ist wirklich sehr nett, jung und hübsch und – so hofft Barbara – nicht nachtragend.

„Tja", meine ich, „da werden eure Leute ja ganz schön ins kalte Wasser geworfen" – und hoffe insgeheim, dass mich meine Frau auch noch „nett, jung und hübsch" findet ...

Die Tetanusspritze

Anruf von Barbara bei der Ambulanz im Haus. Ihr Anliegen: Sie braucht eine Tetanusspritze. Barbara fängt an zu erklären: „Wir haben einen Patienten mit einer Platzwunde am Augenlid ...", doch da wird Barbara schon unterbrochen: „Ja, der muss jetzt warten, wir haben keine Zeit!", und schon will die Kollegin am anderen Ende den Hörer auflegen. „Halt!", brüllt Barbara in den Hörer, „wir brauchen nur eine Tetanusspritze!" – „Ach so", kommt die Antwort, „ja *die* kannst du dir abholen."

Ich muss herzlich lachen, als mir das Barbara bei Kartoffeln und Quark erzählt. Hatte ich doch selbst vor kurzem erst so meine Erfahrungen mit der völlig überlasteten Ambulanz gemacht. Ich hatte an einem Samstagvormittag einen Radunfall und entschloss mich, die Ambulanz des Krankenhauses aufzusuchen. Sozusagen im Selbstversuch. Beim Empfang kann ich mein Anliegen nicht schildern. „Gehen Sie einfach da rein zur Ambulanz“, werde ich gleich unterbrochen. Ich bekomme eine Nummer wie in einer Kfz-Zulassungsstelle zugeteilt. Es ist die Nummer „606“. „Es dauert aber noch eine Weile – da sind noch zwei weitere Patienten“, wird mir mitgeteilt. Nach einer guten halben Stunde wird die „606“ für das Behandlungszimmer 2 aufgerufen. Beim Händedruck zur Begrüßung der diensthabenden Schwester gibt es einen Aufschrei. „Oh“, entschuldige ich mich, „habe ich etwas zu fest zugedrückt?“ – „Nein, nein“, antwortet sie, „ich habe vergessen, dass mein kleiner Finger verletzt ist ...“ Nach 20 Minuten des Wartens im Behandlungszimmer – als Lektüre gibt es nur den Krankenbericht auf dem Bildschirm des Computers am Tisch des Arztes, offensichtlich handelt es sich um ein kleines Mädchen, das vom Sofa gefallen ist – schaut die Schwester nochmals hinein. „Ist ER noch nicht da gewesen?“ fragt sie, um dann flüsternd hinzuzufügen: „Wissen Sie, er ist nicht gerade der Schnellste“. Die

Vertraulichkeit rührt mich an. „Sie sind wirklich in der Reihenfolge", versichert mir die Schwester. „Wir haben niemanden dazwischen genommen". Tröstlich. „Ich mache mal die Türe auf, vielleicht geht es dann schneller", ruft sie mir noch zu. Als der Arzt dann kommt, muss ich feststellen, dass ich mir wegen meiner Leisten- und Unterleibsbeschwerden, wegen derer ich gekommen war, umsonst Sorgen gemacht hatte. Sie interessieren ihn nicht. Ein kurzer Check der Gelenkigkeit der Beine, das war es dann auch schon. Dafür interessiert er sich aber sehr eingehend für die Schürfwunden, die ich mir zugezogen hatte. Sie könnten eine Schleimbeutelentzündung zur Folge haben, warnt er mich. Ich bin überglücklich für diesen Hinweis. Ob ich denn Schmerzmittel hätte, fragt er mich noch und als ich ihm verrate, dass meine Frau hier im Krankenhaus arbeitet, gibt er mir noch den guten Ratschlag: „Dann aber kein Aspirin!" und er verabschiedet mich, während die Schwester die Schultern hochzieht und mich fragend ansieht ...

Kein Wort

Frühstückspause bei den Schwestern. Das Gesprächsthema kommt auf die Frage, wie man am Morgen um 6 Uhr eigentlich zur Arbeit kommt. Schwester Lea mit ihren 63

Jahren erzählt, sie werde immer von ihrem Ehemann gebracht. Schon immer. Also auch, bevor er in den Ruhestand gegangen sei. Die Mitschwestern werden richtig neidisch. So ein Service! „Ja", meint Lea, sie wecke ihn, wenn sie fast fertig sei, er ziehe sich ungewaschen an, hole das Auto aus der Garage und sie steige ein und er fahre los. Zehn Minuten später liege er wieder im Bett. Eine Kollegin meint dazu: „Na, da werdet ihr nicht viel miteinander reden". Lea muss nachdenken. Nach einer Pause sagt sie: „Stimmt! Wir reden kein Wort!"

„Na", meine ich zu Barbara, „soll ich dich jetzt auch jeden Morgen zum Frühdienst fahren, damit du bei deinen Mitschwestern punkten kannst?" – „Nein, nein, um Himmels willen!" antwortet Barbara, „um diese Zeit bist du so ein Morgenmuffel, da ist 'kein Wort reden' noch harmlos dagegen!" Ich bin tatsächlich froh, dass Barbara bei Wind und Wetter gerne zu Fuß zur Arbeit geht, ohne Hilfe beanspruchen zu müssen.

Oberarzt und Chefarzt

Montags und freitags kommt der Oberarzt zur Visite. Am Mittwoch ist der Chefarzt dran. Zu Wochenbeginn startet also die Visite mit dem Oberarzt. Er setzt dabei verschiedene Medikamente an und ordnet Untersuchungen an. Am Mittwoch begleitet Barbara den Chefarzt bei der Visite. Beim Blick in eine Patientenkurve poltert er: „Wer hat denn das angesetzt?" Barbara antwortet: „Der Oberarzt am Montag." Grummeln. „Ah ja." Am Freitag dann das umgekehrte Spiel. Barbara begleitet den Oberarzt bei der Visite. Er ärgert sich über das, was am Mittwoch angesetzt worden war.

„Nenne mal ein Beispiel", fordere ich Barbara auf, als sie mir das erzählt. „Ja, am Mittwoch waren z. B. bei einem Patienten zwei Tumormarker angesetzt worden. Heute bemerkt dazu der Oberarzt: 'Wer setzt denn so einen Schwachsinn an? Damit kann man bei dieser Krebsart nichts herausfinden! 150 € in den Wind geschossen!" Während ich nochmals einen Nachschlag vom Küchenherd hole, frage ich Barbara, ob sie als Schwestern denn auch manchmal den Eindruck hätten, dass da „Schwachsinn" angesetzt werde und wie sie damit umgehen würden. „Ja", meint Barbara, „heute hat z.B. der Oberarzt entsetzt festgestellt: 'Was? 3000 Kalorien täglich? Das geht doch überhaupt nicht!` Ich habe ihm geantwortet, dass wir niedriger angefangen hätten und der Oberarzt hat geantwortet: 'Ein Glück, macht weiter so!` Wir

müssen uns also manchmal auch über chefärztliche Anwei-
sungen hinwegsetzen, weil es anders einfach nicht geht und
unverantwortlich wäre", klärt mich Barbara auf.

Krankenschwestern sind ja nur doof

Eine Patientin hat sehr starke Schmerzen. Der Stationsarzt setzt ein Morphinpflaster an, das aber den Nachteil hat,
dass es etwas dauert, bis es wirkt. Dazu soll dann noch eine
Morphin-Tablette gegeben werden, eine „MST 10", doch
auch diese Tablette braucht ihre Zeit. Barbara weiß, dass das
eine eher ungünstige Kombination ist. Doch wie soll sie das
dem Stationsarzt sagen, ohne dass er sich in seiner Ehre ge-
kränkt fühlt? Sie schließt den „Giftschrank" auf und fragt
scheinheilig nach, ob sie die „MST 10" gleich dazu geben
solle. Die gewünschte Reaktion bleibt nicht aus, der Stationsarzt ahnt, dass das tatsächlich keine so tolle Kombination
sein dürfte. „Was haben wir denn noch so im Schrank?",
fragt er. „Wie wäre es mit ′Abstral 100`?" schlägt Barbara
vor. „Ach ja, dann gib ihr doch eine Abstral 100!" antwortet
der Stationsarzt. Es ist die ideale, von Barbara herbeige-
wünschte Kombination.

„Als wären wir alle doof!" regt sich Barbara auf, als sie sich gerade ihre Lieblingsleberwurst auf das Brot schmiert. „Wir müssen immer wieder versuchen, die Dinge so hinzudrehen, dass die Ärzte das Gefühl haben, sie seien selbst darauf gekommen. Sie können einfach nicht zugeben, dass sie manchmal auch nicht Bescheid wissen. Dabei müssten sie einfach nur mal uns fragen. Aber wir sind ja alle nur doof...". Da das Leberwurstbrot aber gut schmeckt, ist der Ärger bald wieder verflogen. Es ist eben nicht immer einfach, dieses Zusammenspiel von Ärzten und Krankenschwestern.

Eine neue Magnettafel

Die Krankenhaushygiene macht auch vor Korkwänden nicht halt. Die Hygienefachkraft des Hauses hat angeordnet, die Korkwand auf Barbaras Station durch eine Magnettafel zu ersetzen. Und so stürzt sich das Krankenhaus zur Überraschung aller in richtige Unkosten. Voller Stolz zeigt Schwester Michaela, die Stationsleitung, die neue Magnettafel. Sogar eine Beschriftung ist schon angebracht worden. Es gibt ein Feld „Aktuelles" und ein Feld „Dienstpläne". Ein weiteres Feld ist noch frei geblieben, doch bei genauem Hinsehen hat schon jemand etwas hingeschrieben: „Bitte alle Handy-nummern von Single-Schwestern notieren!" Barbara kann sich das Lachen nicht verkneifen. Fein säuberlich ist auch schon eine Nummerierung notiert: „1", „2", „3" usw. Schwester Michaela ist entsetzt: „Was ist denn das?" Aber es gibt nur Gelächter.

Barbara muss immer noch lachen, als sie mir das er-zählt. Immerhin, sie scheint es nicht als chauvinistisch oder sexistisch aufzunehmen. „Und", frage ich sie, „hat Schwes-ter Michaela das wieder weggewischt? Das ist ja wie in der Schule, wenn die Schüler irgendeinen Blödsinn an die Tafel schreiben!" – „Nein", antwortet Barbara, „sie hat es stehen lassen. Da hat sie dann doch Humor." – „Habt ihr denn eine Vermutung, wer das geschrieben haben könnte?" – „Klar", antwortet sie, „wir haben da so einen Arzt, ein richtiges Schlitzohr...".

Stressabbau

Barbara hat mit Schwester Jutta Spätdienst. Der Dienst ist äußerst stressig. Am nächsten Tag treffen sich beide wie-der zum Spätdienst. Es ist wieder ein sehr stressiger Spät-dienst. Schwester Jutta erzählt zu Beginn dieses Dienstes, dass sie am Abend zuvor nach Hause gekommen sei und zwei Bier getrunken habe und dann einfach ab sei ins Bett. Am Abend sitzen Barbara und Schwester Jutta im Dienstzimmer. Barbara fragt sie: „Und, trinkst du heute Abend wieder zwei Bier?" Das hört zufälligerweise der Stationsarzt. „Was? Bier?" Und er hält eine Standpauke. Doch Schwester Jutta kann nur etwas resignierend erwidern: „Ja, ja, mir war einfach danach …"

Ich hole gerade selbst ein Bier aus dem Kühlschrank, als mir Barbara das erzählt. „Möchtest du einen Schluck?", frage ich Barbara, die aber ablehnt. „Ja", ergänzt sie ihre Schilderung, „es ist tatsächlich ein Problem von Schwestern, dass manche von ihnen auf diese Weise alkoholabhängig werden."

Der Blick auf den Dienstplan

Es ist sehr ungewöhnlich, wenn Assistenzärzte im Dienstzimmer einen Blick auf den Dienstplan der Schwestern werfen. Und Pläne dieser Art sind für Nichteingeweihte kaum lesbar. Es gibt unzählige Abkürzungen, Spalten, Einzelbuchstaben. Dr. Michael Müller wirkt deshalb etwas verloren, als er den Dienstplan studiert. „Kann man dir helfen?"

fragt Schwester Leandra. „Ja, ich will wissen, wann Schwester Sylvia wieder hier arbeitet", sagt Dr. Müller zögerlich. Es ist allerdings ein offenes Geheimnis, dass Schwester Sylvia und Dr. Müller dabei sind, sich ineinander zu verlieben. Die Albernheiten kennen keine Grenzen und werden schon zur Belastung für alle, die das Getue nicht mehr ertragen können. „Am Montag beginnt Sylvia wieder mit dem Nachtdienst", antwortet Schwester Leandra in einem nichtssagenden Ton. Das heißt, es gibt jetzt für Dr. Müller ein Sylvia-freies Wochenende. Er ist empört. „Sie hat sich gestern gar nicht von mir verabschiedet!"

„Es gibt sie also doch noch, die klischeehaften Beziehungen", meine ich zu Barbara, als sie mir davon erzählt. Hätte ich heute die Pizza in Herzform backen sollen? „Wie hat denn Leandra darauf reagiert?" frage ich sie. „Sie hat nur den Kopf geschüttelt", antwortet mir Barbara. „Seit wann verabschieden sich die Stationsschwestern von ihren Assistenzärzten?"

Den Krieg überleben

In der Umkleide nach dem Spätdienst. Barbara fragt eine Kollegin aus der Chirurgie, wie es ihr so gehe. Sie seufzt nur: „Manchmal frage ich mich schon, wie die Deutschen den Krieg überleben konnten, wenn man die Patienten hier so erlebt…“.

„Also der Krieg ist ja nun wirklich schon lange her!“, *muss ich lachen, als mir Barbara den Wortwechsel schildert. „Wie hat sie das denn gemeint?“, frage ich sie, als ich mir gerade einen Kanten Brot herunterbreche. „Man kann es vielen einfach nicht recht machen. Die Ansprüche sind so hoch. Nichts ist in Ordnung. An allem wird herumgemäkelt“.*

Gerüchte

Den Schwestern auf der Station von Barbara kommt zu Ohren, dass eine Schülerin, die inzwischen nicht mehr auf der Station arbeitet, herumerzähle, die Schwestern würden mit Sekt auf jeden nervigen, anstrengenden Patienten anstoßen, der entlassen werde.

Ich kann mich fast nicht mehr halten vor Lachen, als mir Barbara von diesem Gerücht erzählt. Ich erhebe imaginär ein Sektglas und pruste regelrecht heraus: „Auf die Entlassung!“ Barbara unterbricht mich und meint, sie hätten das gar nicht so lustig gefunden. Das Gerücht hätte eher für Empörung gesorgt, da so ein Unsinn zumindest von anderen Schülerinnen durchaus geglaubt werde. „Aber mal ehrlich", meine ich zu Barbara, „wenn ihr könntet, dann würdet ihr doch bestimmt manchmal gerne darauf anstoßen, oder?" Barbara schweigt. Da hat sie dann doch zuviel Berufsethos, um sich so etwas vorzustellen.

Zwei neue Oberärzte

Barbara stöhnt: „Wir haben scheinbar schon wieder zwei neue Oberärzte bekommen!" Ich verstehe ihr Entsetzen nicht und frage nach: „Sind sie ausgewechselt worden?" – „Nein", lautet die Antwort, „sie sollen zusätzlich gekommen sein!" – „Aber ist mehr Personal nicht ein Gewinn und eine Entlastung für alle?", frage ich mich heimlich in aller Naivität, äußere das aber nicht und taste mich langsam an das Problem heran, indem ich harmlos frage: „Was macht denn eigentlich so ein Oberarzt?" – „Zunächst macht er die notwendigen Untersuchungen wie z.B. Ultraschall und Endoskopien und hat sozusagen die 'Ober'verantwortung über den Assistenzärzten, die zugleich die 'Stationsärzte' sind, ganz zum Wohle der Patienten." Im Stationsalltag bedeutet das allerdings viel häufigere Visiten. „Früher", und damit *meint Barbara vor etwa vier Jahren, „gab es zweimal die Woche eine Visite mit dem Oberarzt und eine weitere Visite mit dem Chefarzt. Jetzt gibt es meist täglich gleich zweimal eine Oberarztvisite. Einmal am Patientenbett und einmal nach 'Aktenlage`. Jede Visite bringt neue Anordnungen mit sich. Das heißt, wir Schwestern rotieren noch mehr. Also erste Sahne, dass es jetzt auf einmal sechs statt bislang vier bzw. zwei Oberärzten wie noch vor vier Jahren gibt!" Jetzt verstehe ich die Reaktion von Barbara. Was ich aber bis heute nicht verstehe, ist die Tatsache, dass es auf den Stationen zuweilen von Oberärzten zu wimmeln scheint, während gleichzeitig das Pflegepersonal über die Jahre kontinuierlich abgebaut wurde. Nach welchem Schlüssel werden neue Oberarztstellen geschaffen? Nach welchem Schlüssel werden Schwesternstellen abgebaut? Es bleibt ein Rätsel... Zu dieser neuer Konstellation noch folgende Geschichte:*

Eine Patientin tickt regelrecht aus. Sie verlangt das Beschwerdebuch. Für den Morgen war ihr gesagt worden, sie solle nüchtern bleiben wegen einer Endosonographie. Am Nachmittag wird die Untersuchung abgesagt. Das ist der Moment, wo die Patientin austickt. Eigentlich nicht ungewöhnlich, dass eine Untersuchung wieder abgesagt werden muss. Barbara erfährt jedoch bei der Übergabe, dass das schon der dritte Tag gewesen sei, an dem das Spielchen so hin und her gegangen sei. Es hängt damit zusammen, dass die Anordnung durch den Oberarzt A festgesetzt worden war und von Oberarzt B ausgeführt werden sollte. Mal ist Oberarzt B tatsächlich überlastet, mal hält er die Anordnung für unnötig. „Welche Freude, jetzt sechs statt vier Oberärzte zu haben!“, kommentiert Barbara dieses Kabarett.

Gedankenübertragung

Barbara hat Nachtdienst. Um 1:45 Uhr steht sie im Dienstzimmer und sieht sich etwas ratlos den Dienstplan an. Ein paar Tage später findet um 19:30 Uhr die Urlaubsbesprechung der Station statt. Doch Barbara hat da Spätdienst. Sie muss ihre Urlaubswünsche also einer Kollegin mitgeben. Am liebsten wäre es ihr, die Wünsche Schwester Annika mitzugeben. Doch, wie auf dem Dienstplan zu sehen ist, befindet sich Schwester Annika bis dahin im Urlaub. Ob sie die Kollegin noch privat erreichen wird? Eine Viertelstunde später, um zwei Uhr, mitten in der Nacht, klingelt das Telefon. Schwester Annika meldet sich. „Ja“, erklärt sie ihren Anruf, „ich habe gerade mal auf dem Dienstplan nachgesehen, wer sich im Nachtdienst befindet. Ich wollte einfach ein gutes, neues Jahr wünschen!“ Barbara ist total perplex und vergisst völlig, ihr zu sagen, dass sie gerade an sie hatte denken müssen.

„Das ist ja wirklich verrückt!", sinniere ich, als mir Barbara das nach ihrem Nachtdienst erzählt. „Werdet ihr denn oft in der Nacht von irgendwelchen Kolleginnen angerufen?" – „Eigentlich nie, wenn sich nicht gerade jemand krank melden muss", antwortet mir Barbara, „umso erstaunlicher ist es, dass sich Annika gerade in diesem Moment ʼeinfach mal soʼ bei mir gemeldet hatte!" – „Und", frage ich sie, „kann sie deine Urlaubswünsche mit vertreten?" – „Klar", antwortet Barbara, „sie ist da sogar besser als ich, die Wünsche auch durchzusetzen!"

Whatʼs App-Nachrichten

Der Tag der Urlaubsbesprechung ist gekommen. Barbara hat Spätdienst, kann also selbst nicht daran teilnehmen. Mir ihr arbeitet ein türkischer Krankenpflegeschüler, Hakan, der sehr motiviert und wirklich gut ist. Dagegen ist Pfleger Paul, ein Leiharbeiter, keine wirkliche Stütze. Mit ihm ist alles sehr schwierig und kompliziert (siehe nachfolgende Geschichte). Irgendwann schickt Hakan eine Botschaft über Whatʼs App an eine Kollegin, die gerade im Erdgeschoss in der Urlaubsbesprechung sitzt. Diese Besprechungen sind immer sehr dröge und unangenehm, weil es einfach nicht möglich ist, alle Wünsche unter einen Hut zu bekommen. Hakan schreibt: „Ich dreh hier gleich durch mit Paul. Barbara ist wie immer ein Engel!" Die Kollegin bekommt während der Besprechung beim Lesen dieser Botschaft einen Lachanfall und zeigt die Nachricht noch einer weiteren Kollegin, die sich auch einen abgrinst.

„Tja", meine ich, als mir Barbara diese Art der Kommunikation wiedergibt, „dann war doch eure Urlaubsbesprechung gerettet, oder?" – „Ja", erwidert Barbara, „jedenfalls konnte Annika alle Wünsche erfolgreich einbringen!" – „Whow, darauf müssen wir jetzt aber einen trinken!"

Paul

Paul ist ein „Leiharbeiter", allerdings gewiss kein billiger, denn das Krankenhaus kommt auch für allerlei Spesen auf. Schon bald 60 Jahre alt, gehört er zur sehr anstrengenden Kollegensorte. Er redet wie ein Wasserfall, hält damit die Kolleginnen von der Arbeit ab und nimmt sich auch für die Gespräche mit den Patienten unglaublich viel Zeit. Dass es um ihn herum „brennt", nimmt er nicht wahr. Er ist bei Pausen oft der Erste, der im Dienstzimmer Platz nimmt und der Letzte, der aufsteht. Barbara hat nun drei Spätdienste über das Wochenende mit Paul. Es ist eine Katastrophe. Beim zweiten Dienst arbeitet auch Schwester Michaela, die Chefin, mit. Pause. Paul verlässt schon nach 20 Minuten das Dienstzimmer, statt nach den sonst üblichen 30 Minuten.

„Ich war total verblüfft", erzählt Barbara und muss doch dabei etwas grinsen. „Kaum ist die Chefin da, klappt es auf einmal." – „Und", frage ich zurück, „was hat Michaela dazu gesagt? Hast Du mit ihr darüber gesprochen?" – „Ja, kurz", antwortet mir Barbara, „sie meinte ganz cool: 'Tja, da sollte ich wohl öfters mit Euch arbeiten! Dann flutscht's!'"

Selbstzweifel

Jede Krankenschwester wird das von sich kennen: Die Berufszweifel und auch die Selbstzweifel. Vor allem nach einer Urlaubswoche, wo der Start in die Arbeit immer besonders schwer fällt, kann es durchaus sein, dass Barbara nach dem ersten Dienst nach Hause kommt und erst mal Frust ablassen muss: „Ich pack das einfach nicht mehr!", „Ich habe den falschen Beruf gewählt!", „Ich bin für diesen Job nicht geeignet!", „Mir wächst alles über den Kopf!". Da hilft es nicht, auch das Jammern über den eigenen Job anzufangen oder beruhigend auf die Ehefrau einzureden. Selbst kulinarische Aufmerksamkeiten können den Frust nur wenig lindern. Es braucht einfach Geduld, ein, zwei Tage, bis Barbara wieder ihren Rhythmus gefunden hat. Und: Es müssen schon auch die Patienten ran. Nach dem zweiten Dienst kommt Barbara jedenfalls mit folgendem, nachhaltigen Erlebnis nach Hause:

„Jetzt bin ich doch so gefrustet wieder auf Station gekommen. Mein Dienst heute hatte gerade erst begonnen, ich komme in das zweite Patientenzimmer und werde von einer Patientin über alle Maßen gelobt: 'Sie sind wirklich die geborene Krankenschwester!' Ich war völlig perplex!" – „Na", lobe ich sie, „diesem Urteil kann ich mich gut anschließen! Aber mir glaubst du das ja nicht! Irgendwie musst du sie gleich beeindruckt haben!" – „Ich weiß nicht", antwortet Barbara bescheiden, „Ich habe ihr eigentlich nur 'Guten Morgen' gewünscht und eine Infusion angehängt. Mehr nicht!"

Wechseljahre

Eine Schwesternschülerin wechselt von Barbaras Station in die Ambulanz und dutzt dort – wie im Haus üblich – die diensthabende Schwester. Diese reagiert völlig aufgebracht, ist sofort auf 180 und macht ihr schwere Vorhaltungen: „Haben wir etwa freundschaftliche Beziehungen zueinander aufgebaut? Unser Verhältnis ist ein Dienstverhältnis! Rein geschäftlich!" Sie verbittet sich ein „Du". Die Schülerin ist etwas konsterniert und muss in der folgenden Schicht erleben, dass diese Schwester es fertigbringt, acht Stunden kein einziges Wort mit ihr zu reden. Sie wird einfach ignoriert. Die Schülerin erzählt davon auf Barbaras Station und sucht Trost.

„Und?", frage ich Barbara, „habt ihr sie etwas trösten können?" – „Ja", antwortet Barbara, „eine Mitschwester hat einfach zu ihr gesagt: „Mach dir nichts daraus! Diese Schwester ist wohl in den Wechseljahren!'"

Nachtdienste

Heute bin ich schon wach, als Barbara gegen sieben Uhr von ihrer dritten Nachtschicht nach Hause kommt. Im

Kühlschrank muss ich immer einen Grießpudding bereithalten. Der wird quasi als Betthupferl noch gegessen zum Stressabbau. Man könnte auch sagen als eine Art Belohnung für die überstandene Nacht. „Hurra, sie leben alle noch!" Jetzt will ich es doch genau wissen. Was gibt es eigentlich zu tun während so einer Nachtschicht? Barbara weiß gar nicht, wo anfangen. „Willst du das wirklich wissen?" Und sie fängt an aufzuzählen, was sie in der zurückliegenden Nacht zu tun hatte ...

Fall 1: Ein 84-jähriger Patient, bei dem ein großes Darmgeschwür festgestellt worden war. Barbara stellt in der Nacht fest, dass er eine „Sickerblutung" hat, die sich im Laufe der Nacht zu einer schweren Blutung gesteigert hat. Ab 2:30 Uhr musste sie viertelstündlich zur Kontrolle in das Patientenzimmer. Alle Dreiviertelstunden war die Hose mit Blut vollgelaufen und die Pampers mussten gewechselt werden.

Fall 2: Eine 64-jährige Patientin, die „heimatnah" aus X zu ihnen verlegt worden war mit einer Leberzirrhose zur „palliativen Pflege". Sie hatte Lebertumor. Trotzdem war „PC" (Palliativ Care) noch nicht abgeklärt. Ein schreckliches Bild: Bluten aus dem Mund, Luftnot, ein aufgedunsener Bauch und man kann einfach nicht viel machen. Barbara kommt alle 40 Minuten zur Kontrolle.

Fall 3: Eine 87-jährige Oma, die permanent nach Hilfe schreit: „Ich habe Angst, dass ich heute Nacht sterben muss!" Barbara versucht Abhilfe zu schaffen und lässt das Licht an. Doch die Patientin brüllt Barbara hinterher: „Kruzitürken! Mach das Licht aus!" Sie hört mit dem Schreien nur auf, wenn sie vor Ermattung eingeschlafen ist. Die Mitpatientin hält es nicht mehr aus und sitzt – zur Überraschung bei ihrem Zustand! – auf der Bettkante. Barbara schiebt sie in ein anderes Zimmer.

Fall 4: Eine weitere Patientin liegt im Sterben.

Fall 5: Eine psychisch Kranke mit Borderline-Symptomatik, ebenfalls mit Schmerzen, braucht ständige Betreuung, damit sie keinen Mist baut.

Fall 6: Eine 150 kg schwere Patientin, die nicht mehr richtig reagiert, im Fachjargon: eine „somnolente" Frau, die x-mal in der Nacht gelagert werden muss.

Fall 7: Eine alte Patientin mit Krampfanfällen, die ebenfalls gedreht und gelagert werden muss.

Fälle 8 bis 12 sind Pflegefälle, die dreimal in der Nacht gedreht werden müssen und bei denen kontrolliert werden muss, ob sie eingenässt haben. Insgesamt gibt es auf der Station gerade 10 Patienten, bei denen die Katheterbeutel gewechselt werden müssen. Etwa dreißig Mal müssen in der Nacht Infusionen gerichtet werden, das heißt, Antibiotika müssen aufgelöst und dann angehängt werden. Betäubungsmittel sind aus dem Schrank zu holen und für den Frühdienst vorzubereiten, Tropfen müssen gerichtet werden, Dokumentationen aufgearbeitet werden. Teewasser wird für Patienten gekocht, der Kaffee für den Frühdienst aufgesetzt, Abfallsäcke sind zu leeren und wegzuschaffen. Achtmal wird in dieser Nacht auch der Blutzucker gemessen, zweimal wird Insulin gespritzt. Der Durchgehwagen mit Tabletten wird gerichtet. Ja, und so unglaublich es klingen mag: Man ist allein für insgesamt etwa 38 Patienten zuständig!

Ich bin sprachlos und halte den Grießpudding für mehr als verdient. „Apropos verdienen. Lohnt sich die Nachtschicht wenigstens finanziell?" frage ich. „ Was bekommt ihr denn als Nachtschichtzulage?" Dazu müssen wir allerdings erst mal die Gehaltsmitteilung heraus suchen. Barbara weiß es auch nicht. Es sind genau 2,36 € pro Stunde.

Der Schrittzähler

Barbaras Bruder hat ihr ein nettes Weihnachtsgeschenk gemacht: Einen Schrittzähler. Es dauert jedoch eine Weile, bis sie die Batterie eingelegt und die Anleitung studiert hat. Heute hat sie ihn zum Nachtdienst mitgenommen. Barbara zählt vom Beginn der Schicht um 9:30 Uhr bis Mitternacht 3635 Schritte, das entspricht einer Entfernung von 2,8 km. Ab Mitternacht bis zum Ende der Schicht um 6:30 Uhr legt sie 7389 Schritte zurück, das entspricht etwa 5,8 km. Insgesamt also etwa 8,6 km in einer Nachtschicht.

„Ja", stöhnt Barbara, als sie mir nicht ohne Stolz das Ergebnis präsentiert, „meine Kolleginnen sind zu ähnlichen Ergebnissen gekommen. „Würde sich da nicht ein Stationsroller lohnen?" frage ich Barbara. „Ja", antwortet sie, „an meiner ersten Stelle hatten sie tatsächlich so einen Roller! Und ich kann es im Nachhinein gar nicht glauben, damals haben wir Nachtschwestern uns regelmäßig zum Kochen verabredet. Wir hatten Strickzeug dabei und konnten Zeitschriften lesen. Heute völlig undenkbar. Wir haben zwar eine offizielle Pause, aber ich kann sie oft nicht nehmen. Es ist einfach zu viel zu tun!"

Im Urlaub 1

Weitab vom Krankenhaus sitzen wir beim Frühstück auf der Hotelterrasse. Wir unterhalten uns über die Sprachkünste des Kellners und über die eigenen Sprachkenntnisse. Trotz

passabler Spanischkenntnisse und recht guter Englisch-
kenntnisse, das „medical english" ist bei uns so gut wie nicht
vorhanden. Wie soll man einem Patienten, der nur Englisch
spricht, zum Beispiel erklären: „Ich mache Ihnen jetzt einen
Einlauf!" – „Einen Einlauf?", frage ich zurück, „was ist denn
ein Einlauf?" Die Antwort von Barbara: „Das erkläre ich dir
nach dem Frühstück!"

Im Urlaub 2

Wir sitzen im Kroatienurlaub in einem Strandrestaurant
und beobachten, wie der Kellner gekonnt am Nachbartisch
0,1 Liter Wein aus der Flasche in das Weinglas gießt. Es gibt
keine Markierungen am Glas, und so kommen wir auf das
Thema „das richtige Gefühl für die Flüssigkeitsmenge haben." Barbara erzählt, dass sie als Schwestern oft versuchen
würden abzuschätzen, wie viel ein Patient gepinkelt hätte,
wenn die „Ladung" abgemessen und vermerkt werden
müsse. Manchmal sei das tatsächlich eine Art Spielerei und
sie seien dann stolz, wenn sie die Menge recht exakt ge-
schätzt hätten. Sie selbst sei da sehr gut und fast immer
stimme das geschätzte Ergebnis mit dem tatsächlichen Ergebnis überein. Das Weinglas nun selbst erhebend wenden
wir uns wieder anderen Themen zu.

COLOR-RADO

Ein neuer „Bufti" (Bundesfreiwilligendienstleistender) hat auf der Station angefangen. Unerfahren und vertrauend auf die eingetragenen Eigentumsrechte, lässt er eine 360g-Haribo-Color-Rado-Packung im Dienstzimmer liegen. Es dauert keine Viertelstunde, dann hat sich unter den Schwestern herum gesprochen, dass es Lakritz im Dienstzimmer gebe. Eine weitere Viertelstunde später ist fast alles gegessen. Auf einen Schlag. Der junge Mann kann nur noch die Schwestern anflehen: „Lasst mir doch auch noch was, es sind eigentlich meine Lakritz!" Unglaublich, dieser Heißhunger auf etwas Süßes!

„Sag mal", frage ich Barbara, als sie mir das erzählt, „soll ich mal Haribo anschreiben und um ein Carepaket für Euch Schwestern bitten?" – „Ja, das wäre eine gute Idee", antwortet mir Barbara, „es ist tatsächlich so, dass manchmal einfach alle Brennstoffzellen bei uns leer sind!" Beim nächsten Einkauf lasse ich es mir nicht nehmen: Ich lege eine Packung Color-Rado in den Einkaufswagen...

Gerüchte

Ein Arzt ist zutiefst darüber empört, dass er immer alles zuletzt erfahre. Er habe zum Beispiel als letzter mitbekommen, dass eine Arzt-Kollegin geheiratet habe. Er beschwert sich bei dieser Kollegin (gratuliert ihr aber auch zur Hochzeit) und meint dann spaßeshalber, er würde jetzt das Gerücht in die Welt setzen, sie sei schwanger. Dann würde er jetzt wenigstens das Gerücht zuerst kennen. Tatsächlich verselbstständigt sich dieses „Gerücht" und nach einer gewissen Zeit meinen alle auf Station tatsächlich, diese Ärztin sei schwanger. Nur sie selbst weiß nichts davon. Sie wundert sich nur, warum die Kolleginnen und Kollegen immer so besorgt um sie sind: Sie solle doch keine Betten schieben, das sei nicht gut für sie. Eine andere fragt entsetzt, ob sie den Stationsdienst immer noch alleine mache. Sie kann sich diese Fürsorglichkeit nicht erklären, bis eine Schwester beherzt auf sie zugeht und sie fragt, ob sie schwanger sei. Schlagartig wird ihr alles klar, und sie räumt mit dem Gerücht auf.

„Wie lange hatte denn die Fürsorglichkeit gedauert?" frage ich Barbara, als sie mir von der Gerüchteküche der Station erzählt. „Och, so zwei bis drei Wochen glaube ich schon", erwidert sie. „Und", frage ich zurück, „wie geht es ihr jetzt?" – „Sie muss wieder ziemlich hart ran. Es wäre

wohl besser gewesen, sie hätte das Gerücht noch weiter im Umlauf gehalten ..."

Lichtgestalt

Wenn es gut läuft, gibt es auch im Krankenhaus Pausenzeiten. Dazu gehört natürlich im Frühdienst eine Frühstückspause. Wer um fünf Uhr zuhause gefrühstückt hat, freut sich auf ein zweites Frühstück um neun Uhr. In der Cafetería des Hauses gibt es eigene Preise für die Angestellten. Ähnlich wie in einer Mensa stellt sich jede Schwester das Wunschfrühstück zusammen: Ein Brötchen, zwei Scheiben Käse, zwei Scheiben Wurst, der Kaffee. Aber auch da muss alles flott gehen. Die Bedienungen sind oft sehr muffig, vielleicht auch etwas übernächtigt, jedenfalls ist es sehr selten, dass ein freundliches Wort miteinander gewechselt wird. Heute ist es anders. Die Bedienung sagt zu Barbara: „Oh, endlich mal wieder ein lächelndes Gesicht! Wenn ich Ihnen das mal sagen darf: Sie sind eine Lichtgestalt!"

„Oho", nehme ich Barbara auf die Schippe, als mir davon erzählt. „Ich bin also mit einer Lichtgestalt verheiratet! Das wusste ich noch gar nicht! Ich dachte eigentlich nur, unser Kamel sei eine Lichtgestalt!" Neben unserer Küche, wo

*wir gerade zu Mittag essen, geht es in unser Wohnzimmer.
Eine Janosch-Karte hängt an der Tür: „Diesen Raum be-
wohnt eine galaktische Lichtgestalt. Also betreten Sie ihn mit
entsprechender Demut!" Gemeint ist mit der „galaktischen
Lichtgestalt" ein überaus großes Plüsch-Kamel. „Aber das
ist jedenfalls ein tolles Lob, oder?" Barbara bleibt da eher
bescheiden. Bedeutet doch dieses „Lob" zugleich, dass ihre
Kolleginnen scheinbar eher gestresst und muffig an der Be-
dientheke erscheinen.*

Stuhlgang

Barbara hat Nachtdienst. Es klingelt aus einem Dreibettzimmer. „Schwester, hier hat jemand Stuhlgang. Hier stinkt
es so!", tönt es ihr entgegen. Barbara lupft bei der Bettnachbarin, einer alten Dame, die Decke und wirft einen prüfenden
Blick unter die Bettdecke. Die Dame reagiert aufs Höchste
empört. Die dritte Patientin, eine „Aufstehpatientin", das
heißt, sie hätte selbst zur Toilette gehen können, ist von oben
bis unten verschmutzt. Und schläft. Im Morgenmantel! Barbara muss sie wecken. „Ich habe ja schon eine Woche Durchfall, aber niemand gibt mir etwas", behauptet sie und scheint
sich an ihrem Zustand nicht weiter zu stören. „Unter die Dusche!" kann Barbara nur erwidern. Wie sie ist, möchte sie

losziehen. Barbara muss sie erst überzeugen, dass sie sich
entkleiden sollte. Das Bett muss nun neu bezogen werden,
Bodenspuren sind zu beseitigen, Toilette und Dusche müssen gründlich gereinigt werden.

*„Nicht gerade ein appetitliches Thema", meine ich zu
Barbara, als sie mir von der Dynamik in diesem Patientenzimmer erzählt. „Vielleicht sollten wir nach dem Frühstück
nochmals darüber sprechen. Trotzdem: Was ist mit den Klamotten passiert?" – „Da kann man nur hoffen, dass die Angehörigen heute die Kleidertüte zum Waschen mit nach
Hause genommen haben." In Gedanken stelle ich mir die Situation nochmals vor und muss mir eingestehen, dass es
schon Tätigkeiten gibt, die mich anekeln würden. Doch für
die Krankenschwestern ist das Alltag.*

Eine echte Petze

Es gibt sie leider auch: die total linke, fiese Oberärztin.
Frau Dr. Andrea Lenz. Obwohl selbst mal Krankenschwester
gewesen, macht sie das Team überall schlecht. Ihr neuester
Coup: Sie macht „Punkte" auf die Verbände der Patienten,
um zu überprüfen, wie oft die Schwestern die Verbände

wechseln. Und ist ein Verband mal einen Tag später als vorgesehen gewechselt worden, erzählt sie das süffisant überall weiter. Aber das ist noch nicht alles. Sie platziert Trinkflaschen so, dass sie überwachen kann, ob den Patienten ausreichend zu trinken gegeben worden ist. Als gäbe es nicht auch so schon genug Probleme. Noch unkollegialer kann man kaum sein. Sie ist eine richtige Petze und will auch gar nicht wissen, welchen Grund manche pflegerischen Entscheidungen haben. Für sie sind alle Schwestern einfach nur doof.

Barbara ist wirklich geladen, als sie davon erzählt. Es erschwert einfach den Stationsalltag. Und es ist ein kaum zu beschreibendes, demütigendes Verhalten dieser Ärztin. Wenigstens gibt es kleine „Erfolge" im „Kampf". Auch diese Ärztin ist keineswegs perfekt. „Wie lange müsst ihr denn diese Ärztin noch ertragen?", frage ich Barbara. „Sie ist seit einem Jahr da. Hoffentlich lässt sie sich bald versetzen! Wir halten es kaum noch aus mit ihr!", antwortet mir Barbara. „Vielleicht", meine ich, „müsst Ihr Euch einfach noch blöder anstellen, dass sie es mit Euch dann auch nicht mehr aushält!"

Pflegekräftemangel

Eine neue Schwester kommt zum „Schnuppern" auf Station. Sie sind alle gerade im Dienstzimmer, als der Chefarzt, Prof. Dr. Heusinger, das Zimmer betritt. Er wird der zukünftigen Schwester vorgestellt: „Das ist übrigens Prof. Dr. Heusinger, unser Chefarzt!" Er reagiert überaus freundlich und hocherfreut: „Oh, eine neue Schwester? Wunderbar! Ganz herzlich willkommen!", tönt es und Barbara traut kaum ihren Ohren, in welcher Überschwänglichkeit die Schwester begrüßt wird.

„Es scheint also endlich auch in den oberen Etagen angekommen zu sein, dass Pflegekräfte nicht nur fehlen, sondern auch schwer zu bekommen sind", kommentiert Barbara die Episode. „Na", meine ich, „das ist doch nicht so schwer, sich über eine neue Mitarbeiterin zu freuen!" – „Frag mich mal, wie es mir am Anfang erging," meint Barbara brummig, „Du bist da ganz auf null, und alle lassen es dich spüren! Bis man sich mal einen Stand erarbeitet hat, das dauert ganz schön lange!"

Auf einer anderen Station

Barbara muss kurzfristig auf der kardiologischen Station aushelfen, weil die dortige Kollegin im Frühdienst krank geworden ist. Barbara war noch nie auf dieser Station. Sie ist allein dort eingesetzt. Ein absoluter Horror, weil sie sich weder mit den Erkrankungen, noch mit den Abläufen und den sonstigen Gegebenheiten der Station auskennt, geschweige denn die dortigen Ärzte kennt. Es geht zu wie im Verschiebebahnhof. Sechs Leute wollen gleichzeitig entlassen werden, warten auf den Arztbrief und auf die noch nicht gerichteten Medikamente. Vier Leute trudeln nacheinander ein, die aufgenommen und zur Untersuchung vorbereitet werden müssen. Ein Patient soll noch gewaschen werden, bevor der Rotkreuz-Transport ihn nach Hause bringt. Ein weiterer „Zugang" aus dem Untersuchungszimmer soll abgeholt werden. Alles läuft gleichzeitig! Und dann kommt noch ein Anruf aus dem OP, dass eine weitere Patientin zur OP gebracht werden soll. Gleichzeitig sollte eine Patientin zur „EPU" (Elektrophysiologische Untersuchung) einen Stock höher gebracht werden. All das bricht über Barbara in weniger als einer halben Stunde ein.

„Heute hast du dir dein Mittagessen aber wirklich verdient", muntere ich Barbara auf, als sie mir von dieser Horrorschicht erzählt. „Musst du morgen denn da nochmals hin?", frage ich sie besorgt. „Nein, zum Glück nicht", sagt Barbara, „was bin ich froh an meiner Station 9, was für ein Glück, dort arbeiten zu dürfen!" Töne, die ich so von Barbara eigentlich noch nie gehört habe. Oft genug hatte ich von ihr gehört, dass es auf einigen Stationen doch erheblich ruhiger zugehe als auf ihrer Station. Aber es scheint offensichtlich auch noch schlimmere Stationen zu geben. Da weiß man eben dann doch, was man an seiner Station hat.

2. Kapitel: Patienten und Angehörige

Es hilft kein Jammern: Die Patienten sind die „Kunden"
des Hauses, sie gehören zum „Geschäftsmodell", und Patienten haben nun mal Angehörige, die sie besuchen wollen.
Egal, ob es nette Leute sind oder ob sie eher zu den unsym-
pathischen Zeitgenossen gehören, mit denen man im Alltag
vielleicht nicht allzu viel zu tun haben möchte. Die Professi-
onalität der Arbeit, sicherlich auch das „Leitbild" des Krankenhauses, verlangen ein zuvorkommendes, unvoreinge-
nommenes Verhalten: „Wir möchten Ihnen den Aufenthalt
so angenehm wie möglich gestalten", lautet das Versprechen
in den Krankenhäusern quer durch die Republik. Das ist ein
hoher Anspruch. Zuweilen wird der Aufenthalt noch versüßt
durch spezielle Komfortstationen, die den Eindruck erwe-
cken, man sei im Flugzeug gelandet und nur noch umgeben
von hübschen, aufmerksamen Stewardessen. „Möchten Sie
noch ein Getränk oder eine Zeitung?" werden die Patienten
dort mehrmals täglich gefragt. Doch Barbara arbeitet auf einer ganz normalen Station und ist froh, kein überfreundliches
und unterwürfiges Verhalten an den Tag legen zu müssen.
Die Menschen, die ihr Tag für Tag begegnen, sind – ob ihr
das nun passt oder nicht – ein Spiegelbild unserer Gesellschaft. Und da gibt es einfach alles. Die liebenswerte Oma,
der störrische Opa, die ruhigen, die lauten Patienten. Die, die

alle fünf Minuten klingeln und die, die sich nicht trauen, die
Klingel zu drücken, auch wenn es angeraten wäre. Patienten,
die nur die unzähligen Arztserien im Kopf haben und meinen, hier müsse es auch so sein. Angehörige, die permanent
Druck machen, oder Angehörige, die sich liebevoll um ihre
Angehörigen kümmern. Patienten, die einem mit Respekt
und Wertschätzung begegnen und Patienten, die die Krankenschwestern für Dienstmägde halten. Unterschwellig gibt
es dabei oft die Angst, Patienten oder Angehörige könnten
das Krankenhaus aus irgendeinem Grund verklagen, und so
versucht man ihnen mit einer offenen Kommunikationskul-
tur zu begegnen. Dazu gibt es ein eigenes „Beschwerdema-
nagement". Lob und Kritik dürfen gleichermaßen geäußert
werden. Doch jenseits all dieser Instrumentarien und jenseits
der Pflegestandards gilt es, einen Stationsalltag zu bewälti-
gen, der für Patienten, Angehörige, Pflegepersonal und Ärzte
gleichermaßen herausfordernd ist. Sie sitzen sozusagen alle
im gleichen Boot. Und da gilt einfach das alte Sprichwort:
„Wie es in den Wald hinein schallt, so schallt es auch wieder
heraus." Versuchen Sie also als Patient oder Angehöriger –
sollten Sie in die Verlegenheit kommen, ein Krankenhaus
aufsuchen zu müssen – sich von Ihrer freundlichen, verständ-
nisvollen Seite zu zeigen. Das Pflegepersonal wird es Ihnen
danken. Sie brauchen dazu keinen Kaffee als Geschenk da

zu lassen. Und wenn Sie doch am Ende etwas Süßes da lassen möchten: Begehrt ist alles, was dem Stressabbau hilft. Eine Schachtel Schaumküsse dürfte innerhalb von Minuten gegessen sein. Doch begeben wir uns jetzt einfach auf Spurensuche im Alltag von Schwester Barbara.

Heiligabend

Barbara hat mit einer Mitschwester den Dienst an Heiligabend. Was gibt es für die Patienten Schöneres, als das Weihnachtsprogramm im Fernsehen mitzuverfolgen, wenn schon keine Angehörigen nach ihnen schauen? In einem Zimmer liegen allerdings zwei demente Patientinnen, die sich zunächst nicht auf das gemeinsame Programm einigen können. Pro Zimmer gibt es immer nur einen Fernseher. Wirklich krank sind sie nicht. Man hat sie eher vorsorglich eingewiesen. Oder man könnte – wäre man ganz böse – vielleicht auch vermuten, dass Angehörige ungestört Weihnachten feiern wollten. Bei einer funktioniert der Kopfhörer nicht. Lautsprecher sind nicht vorgesehen. Doch an Heiligabend lässt sich auch in einem großen Krankenhaus kein Techniker auftreiben. Alles wird versucht, auch die beiden dementen Damen sind erstaunlich fit in ihrem Willen, das Problem zu lösen. Gefühlt alle zehn Minuten klingeln sie die komplette Schicht hindurch und fangen ständig die Schwestern auf dem Flur ab. „Schwester, der Kopfhörer geht nicht und wir haben doch dafür bezahlt!" Doch alle Erklärungen nutzen nichts. „Haben Sie das schon ausprobiert?" fragen sie stereotyp in ihrer ausgesprochen charmanten Art. „Natürlich, schon hundertmal", stöhnen Barbara und ihre Mitschwester. Am einfachsten wäre es, sie zu entlassen, damit sie zuhause das weihnachtliche Fernsehprogramm weiter genießen könnten, doch die Sozialarbeiterin hatte vorausschauend genau davor schon gewarnt: „Entlasst sie auf keinen Fall!", meinte sie streng. Sie sah schon die Schlagzeilen in der Zeitung. Was für ein unbarmherziges Krankenhaus! Entlässt demente Patienten an Weihnachten! Zuhause, so fügte die Sozialarbeiterin warnend hinzu, gebe es kein Strom und Wasser und damit eben auch kein Fernsehen. Die Rechnungen seien nicht bezahlt worden. So dürfen sie aus Gnade und Barmherzigkeit im Krankenhaus ihr Weihnachtsfest feiern. Doch die eine Dame möchte auf keinen Fall bleiben. „Ich gehe nach L. in das Krankenhaus!", ruft sie über den ganzen Flur. „Dort sollen die Kopfhörer funktionieren!"

Zuhause verzichten wir auf das Fernsehprogramm und ich bin froh, zu später Stunde noch den Heiligabend mit meiner Frau verbringen zu können. Die Kerzen am Christbaum leuchten, und irgendwie scheint diese Geschichte von den dementen Damen mit zu diesem Weihnachtsfest zu gehören. Barbara hätte sie ja vielleicht einfach mitbringen können. Doch die Herausforderung dieser Spätschicht war damit noch nicht beendet. „Dann haben wir noch so eine bekommen!" Klein, über 80 Jahre alt, dicke, große Sonnenbrille, Flügelhemd und eben auch dement. Ihr Zimmer hat sie am Ende des Flures. Sie kommt mehrfach angewackelt und legt sich in fremde Betten: „So, Schwester, das ist doch mein Bett! Da leg ich mich jetzt rein!" Dass in diesen Betten meist schon jemand lag, war ihr egal. Behutsam brachte Barbara die Patientin immer wieder zurück in ihr Zimmer...

Nachttöpfe

Eine alte demente Oma hat Kreislaufprobleme. Bei einem begleiteten Toilettengang erleidet sie fast einen Zusammenbruch. Als sie am Abend wieder auf die Toilette muss, kommt Barbara mit dem üblichen Nachttopf an, einem flachen Cromargan-Topf mit breitem Rand. Angehörige der Patientin sind auch gerade da und beobachten den Vorgang. „Haben Sie nur diese alten Nachttöpfe?" herrscht einer der Angehörigen Barbara an. Sie antwortet: „Ich kenne nur diese." Der Angehörige schaut Barbara an, als sei sie nicht ganz dicht. Sehr ungehalten schreibt er sich den Namen „Schwester Barbara" auf: „Das tut mir ja weh", meint er, „wenn ich so etwas höre! Ich zeige Ihnen mal ein moderneres Modell!"

Auch wenn es unappetitlich beim Abendbrotstisch erscheinen mag, frage ich Barbara nach dem Nachttopf. Im

*Standardwerk „Pflege heute", einem 3,5 kg schweren Wäl-
zer, auf dessen Buchumschlag eine Horde überglücklicher
Schwestern das Examen in der Luft schwenkend dem Leser
entgegen rennt, findet sich in unserer Ausgabe, der 2. Auf-
lage von 2001, auf Seite 271 ein hübsches Bild des mit dem
Fachbegriff „Steckbecken" bezeichneten Modells. Es wird
empfohlen, das unangenehm kalte Steckbecken mit warmem
Wasser auszuspülen, um es anzuwärmen. „Macht Ihr das?"
frage ich, doch dann wende ich mich doch angenehmeren
Themen zu. Bis heute sind die gleichen unverwüstlichen
Nachttöpfe noch im Einsatz ...*

Das Mittelmeersyndrom

Es ist auffallend und lässt sich einfach nicht verleugnen:
Patienten aus dem Mittelmeerraum bekommen sehr viel Be-
such, wenn die Familie vor Ort lebt. Kind und Kegel sind da.
Über Stunden. Den ganzen Tag. Der Patient wird bei jedem
Schritt begleitet von einem Tross Angehöriger. Für die ruhe-
bedürftigen Mitpatienten im Zimmer ist das sehr unterhalt-
sam. Intern spricht man vom „Mittelmeersyndrom" und
meint damit die kulturellen Unterschiede zu den deutschen
Patienten, die oft auch sehr allein gelassen werden von ihren
Angehörigen.

Mich interessiert das Thema. Kartoffeln aus Ägypten und Tomaten aus Marokko essend frage ich Barbara, was sonst noch besonders sei bei diesen Patienten. „Sie scheinen schmerzempfindlicher zu sein“, sagt sie, „sie rufen viel schneller nach Schmerzmitteln … “.

Ein Telefonat

Schwester Sylvia kommt am Abend in das Zimmer einer Patientin und hat verschiedene Tätigkeiten auszuführen. Fieber muss gemessen und eine Spritze gegeben werden. Die Patientin, eine alte Dame, telefoniert mit ihrem Handy und lässt sich nicht stören. Sie telefoniert einfach weiter und lässt die Dinge an sich geschehen. Als Schwester Sylvia schließlich fertig ist, hört sie die Patientin ins Telefon sagen: „Ja, die Schwester geht gerade. Du kannst wieder reinkommen!“ Schwester Sylvia kommt vor die Tür und da sitzt tatsächlich der Ehemann der Patientin, ein über 80-jähriger Herr mit dem Handy in der Hand. Sie ist sprachlos.

„Ja“, meint Barbara, als sie mir das erzählt, „das hat bei uns noch kein Junger gebracht!“ – „Und du“, sie zeigt auf mich, „könntest dir eigentlich auch mal ein Handy kaufen, damit ich dich anrufen kann!“ Jetzt bin ich sprachlos.

Ein Essenswagen der piept

„Ihr glaubt nicht, was mir gestern passiert ist", erzählt Schwester Rita bei der Übergabe: „Da hat es aus dem Essenswagen gepiepst! Und Sylvia hat es mir einfach nicht glauben wollen!" Barbara, die die Geschichte schon gehört hatte, kann sich ein Grinsen nicht verkneifen.

Die Abendbrottabletts werden abgeräumt, in den Essenswagen gestellt und verschlossen. Auf einmal piept es. „He, Sylvia! Hier piept es irgendwo!" ruft Schwester Rita. „Ich höre nichts!", antwortet Schwester Sylvia. „Doch, hier piept es! Es piept aus dem Essenswagen!" Der Wagen wird geöffnet und tatsächlich befinden sich zwei Hörgeräte auf einem Tablett. Zum Glück ist das Tablett noch gekennzeichnet, man muss also keine 18 Patienten befragen. Sie gehören einer alten Oma. Schwester Rita zur Patientin: „Sie haben Ihr Hörgerät auf dem Essenstablett liegen lassen!" Die Patientin: „Häh?" – „Sie haben Ihr Hörgerät auf dem Tablett liegen lassen!", ruft Schwester Rita etwas lauter. „Häh?" tönt es ihr aus dem Bett wieder entgegen. Sie scheint nichts zu vermissen. Es scheint ihr auch nicht aufzufallen, dass sie die Schwester gerade offensichtlich nicht hören kann. Schwester Rita streckt ihr die Hörgeräte hin. Ein überraschter Blick. Doch dann ist die Patientin überglücklich.

Die Mantelteilung

Ein etwas verwirrt wirkender Patient, wohl ein Alkoholiker, wird auf Station 15 eingeliefert. Er hat überhaupt nichts dabei. Am nächsten Tag wird er auf Barbaras Station 9 verlegt. Sein Bettnachbar interveniert mit Nachdruck: „Stop! Ich möchte ihm noch etwas mitgeben!" Schnell nimmt er seine Reisetasche, in der sich noch Schlafanzüge, Schuhe, Zahnbürsten usw. befinden, teilt alles und lässt all die schönen Dinge dem Patienten mitgeben. Ein echter St. Martin!

„Und", frage ich neugierig, nachdem ich gerade meinen leckeren Nachtisch mit Barbara geteilt habe, „bekommt der Herr jetzt für seine Selbstlosigkeit eine Medaille des heiligen Martin überreicht?" – „Tja", meint Barbara, „manchmal ist leider Undank der Welten Lohn. Der Patient hat die Dinge eher ungerührt und wie selbstverständlich entgegen genommen"...

Selbstfahrende Autos

Eine alte Freundin ist zu Besuch bei uns. Sie arbeitet im ambulanten Pflegedienst. Auf einmal kommt das Gespräch auf die Herren, die im hohen Alter immer noch Auto fahren. Sie erzählt von ihren Hausbesuchen, wo sie manchmal von erstaunlich sportlichen Spritztouren ihrer Klienten erfährt. Weit über 80-jährige, die trotz Seh- und Hörbeeinträchtigung weiter Auto fahren, sind keine Seltenheit. „Mein Auto kennt die Strecke nach Südtirol im Schlaf", zitiert sie einen rüstigen, 89-jährigen Autofahrer. Ein anderer Autofahrer ist begeistert von ihrer Fußmassage: „Jetzt spüre ich endlich das Bremspedal wieder!"

„Tja", meine ich zu den beiden, „mein Vater fährt auch noch mit seinen 86 Jahren Auto. Zum Glück ist noch nie etwas passiert! Allerdings, als ich kürzlich mal meine Eltern mit ihrem Auto zu einem Onkel gefahren habe, ist mein Vater nach der Rückfahrt sehr kritisch um sein Auto geschlichen und hat Kratzspuren entdeckt. Das müsse wohl mir passiert sein, deutete er an. Die hätte es zuvor jedenfalls noch nicht gegeben. Etwas ratlos habe ich meine Mutter angesehen, die noch am Auto stand. „Quatsch", flüsterte sie mir zu, deutete auf meinen Vater, „das war er!".

Auf der Suche

Ein betagtes Mütterchen, die ihren Ehemann auf der Station besucht hat, erkundigt sich im Schwesternzimmer: „Können Sie mir sagen, ob ich mit oder ohne Jacke gekommen bin?" Die Schwestern können weiterhelfen: „Sie sind ohne Jacke gekommen, es ist so warm gerade!" Der Frage folgt noch eine zweite Frage: „Können Sie mir sagen, wo ich mein Auto geparkt habe?" Fassungslos schauen sich die beiden Schwestern an. Dieses Mütterchen fährt noch Auto? „Es wird bestimmt im Parkhaus sein!", antworten sie, nachdem sie sich wieder gefasst haben. „Ja, Sie haben Recht!" antwortet überglücklich die betagte Dame, „ich glaube, ich habe es im Parkhaus geparkt!"

„So, so", muss ich schmunzeln, als mir Barbara davon erzählt. „Es sind also nicht nur Männer, die verrückt sind!" – „Ja", erwidert Barbara, „wir haben natürlich auch gelacht. Sie ist jedenfalls nicht wieder aufgetaucht. Dabei befürchteten wir schon, dass sie auch nicht mehr wusste, wo sich ihr Parkticket befand!"

Karfreitag

„Schwester, welchen Tag haben wir heute?" fragt der Patient. „Heute ist der 7. April, Karfreitag!" antwortet Barbara. Der Patient richtet sich auf. Mit Bestürzung antwortet er: „Dann dürfen Sie doch gar nicht arbeiten! Wissen Sie, ich war Bäcker, da musste man die Arbeit immer gut einteilen, da man an Karfreitag nicht arbeiten durfte!"

„Na", meine ich, „ eigentlich hat er doch Recht!". Auf das kärgliche Karfreitagsessen schauend, fahre ich fort: „Ihr könntet doch wenigstens verkürzt an solchen Tagen arbeiten!" Doch Barbara winkt ab. „Wir sind keine Bäcker! Und die müssen heutzutage übrigens auch arbeiten. Hat der Bäcker unten an der Straße heute nicht geöffnet?"

Wer ist hier eigentlich der Arzt?

Im Dreibettzimmer liegen drei etwa 80-jährige Damen. Jeden Tag nerven sie mit der Frage: „Wann kommt denn die Visite? Wann kommt endlich ein Arzt?" Barbara kann nur antworten: „Beruhigen Sie sich! Die Ärztin war doch schon da!" Die Patientinnen glauben das nicht. Das sei doch eine Krankenschwester gewesen, keine Ärztin! Schließlich, als es

Barbara nicht mehr aushält mit den hartnäckigen Nachfragen, schickt sie Manfred, den Aushilfspfleger. Die Damen sind völlig hingerissen und begeistert, dass endlich mal der „Arzt" da gewesen sei.

Ich hole gerade die Suppe vom Herd, als mir Barbara das erzählt. „Oh je, wie wir wohl mal drauf sind, wenn wir 80 sind?" sage ich mehr zu mir selbst, und zu Barbara gewandt: „Wie hat denn deine Ärztin darauf reagiert?" – „Sie war etwas frustriert", erwidert Barbara, „sie meinte, dass sie da absolut keine Chance hätte. Sie würden ihr einfach nicht glauben. Ihr ehrliches Fazit war: Die nehmen mich einfach nicht ernst!".

Service inbegriffen

Barbara macht ihren üblichen frühmorgendlichen Waschgang durch die Stationszimmer. Als sie eine etwas demente 80-jährige Oma waschen möchte, meint sie: „Meine Tochter kommt und macht das. Aber meine Tochter arbeitet noch." Barbara geht beruhigend auf sie zu: „Ich mache das schon…". Daraufhin kramt die Patientin in der Nachttischschublade, findet 1 €, will ihn Barbara geben und sagt zu ihr:

„Damit Sie sich heute den ganzen Tag um mich kümmern können!"

„Und", frage ich Barbara, „hast du den Euro angenommen?" – „Nein", antwortet Barbara, „ich habe ihr gesagt, das sei im Service inbegriffen!"

Sexismus

Ein etwa 80-jähriger, leicht dementer Patient wird von einer 24-jährigen Mitschwester Barbaras gewaschen. Eine Ganzkörperwäsche im Bett. Als sie fertig ist, sagt der Patient: „Könnten Sie mir nochmals mein Geschlechtsteil waschen, das ist so schön!"

„Na", meine ich, „auch wenn der Patient vielleicht schon etwas dement war geht das doch schon in Richtung Übergriffigkeit, oder?" – „Tja," meint Barbara, „leider erleben wir das immer wieder, dass Patienten sehr anzügliche, unangenehme Bemerkungen machen- ..." – „Vielleicht sollte das Krankenhaus dazu mal eine Fortbildung anbieten", meine ich „aber wahrscheinlich ist das eher ein Tabu-Thema, da das ja auch überhaupt unser gesellschaftliches

Leben betrifft ..." Barbara nickt nur, hat aber keine Lust, jetzt beim Essen, weiter darüber zu reden.

Erziehung und Entziehung

Ein Hausarzt weist einen Alkoholiker zum wiederholten Male zur Entziehungskur in das Krankenhaus ein. Das heißt, es wird ein Bett freigehalten. Pflichtbewusst meldet sich der Patient telefonisch am Morgen: Er müsse sich erst Mut antrinken, bevor er komme. Ihm wird gesagt, dass das Bett nur bis 16 Uhr frei gehalten werde könne und dass er nüchtern kommen müsse. 16 Uhr. Der Patient ist noch nicht aufgekreuzt. Der Stationsarzt ahnt schon, was kommen könnte und instruiert die Krankenschwestern: Nicht aufnehmen! Etwas Erziehung tue der Entziehung ja auch gut. Nach 18 Uhr trudelt der Patient angetrunken mit seiner ebenfalls angetrunkenen Lebensgefährtin in der Notfallaufnahme ein. Als er hört, er müsse sich einen neuen Termin geben lassen, schlägt er Rabatz und droht mit einer Klage. Schließlich nimmt die Notfallärztin ihn und seine Lebensgefährtin doch auf und sie landen beide bei – wer hätte das gedacht? – Barbara auf ihrer Station.

Wir trinken gerade selbst ein „schnelles" Bier zum Abendbrot, als Barbara von ihrem Dienst erzählt. „Haben sie denn wenigstens getrennte Zimmer bekommen", frage ich nach. „Ja, das konnten wir organisieren, aber ich beneide den Nachtdienst nicht", resümiert Barbara.

Der Heiratsantrag

Barbara hat Nachtdienst. Der diensthabende Arzt kommt und erzählt sichtlich bewegt: „Du wirst es nicht glauben, was ich eben in der Aufnahme erlebt habe! Es kam eine junge Frau mit einem anaphylaktischem Schock. Den Schock erlitt sie, als ihr am Lagerfeuer ein Heiratsantrag gemacht wurde. Sie wäre beinahe ins Feuer gefallen! Gebracht wurde sie von ihrem völlig aufgelösten künftigen Ehemann, der nun befürchtet, dass sie auf ihn so allergisch reagiert hätte."

„Und?", frage ich Barbara, „hat man allergische Reaktionen auf künftige Ehemänner diagnostizieren können?" – „Nein, keine Sorge", antwortet die wie immer gut informierte Barbara, „auf der Aufnahmestation wurde noch eine Flasche alkoholfreier Sekt gefunden, der geöffnet worden

war, um im Beisein des behandelnden und bezeugenden Arztes auf den Heiratsantrag anzustoßen." Ich blicke Barbara *an und werde etwas rot. So einen spektakulären Heiratsantrag hatte ich ihr nicht gemacht. Hatte ich ihr überhaupt einen „Antrag" gemacht? Doch diese Gedanken behalte ich lieber für mich.*

Ein doppelt aufgenommener Patient

Ein stadtbekannter Alkoholiker wird mehrmals in Folge abends mit dem Rettungswagen in die Notaufnahme gebracht, völlig betrunken, zur Ausnüchterung. Am 4. Tag hat die Aufnahmeärztin genug und bettelt bei der Polizei, ob der Patient dort in der Ausnüchterungszelle nächtigen dürfe. Doch schon am nächsten Abend wird er wieder gebracht. Er landet bei Barbara auf Station. Eine Nacht bleibt er und verschwindet dann am Tag spurlos, ohne offiziell entlassen worden zu sein. Soll jetzt die Polizei ihn suchen gehen? Das Bett bleibt zwei Nächte leer, auch wenn der Patient laut Computer anwesend sein müsste. Bei der Übergabe meint eine Kollegin: „Keine Sorge, er ist bestimmt beim Oktoberfest in München und ist dann dort im Krankenhaus gelandet!" Obwohl das nur eine frotzelnde, intuitive Bemerkung war, stimmte sie! Der Patient war tatsächlich doppelt aufgenommen worden!

„Wer bezahlt eigentlich all diese Einsätze", frage ich Barbara, die mir die Frage nicht beantworten kann. „Natürlich", denke ich, „trotzdem ein Glück, dass unser Sozialstaat da immer noch zu funktionieren scheint."

Nächtliche Träume 1

Barbara hat Nachtdienst und macht ihren üblichen Kontrollgang zu mitternächtlicher Stunde. Ein Patient in einem der Zimmer wacht auf und spricht Barbara völlig unverständlich an. Barbara bittet ihn, das nochmals zu wiederholen, sie habe ihn nicht verstanden. Nochmals redet er völlig unverständlich. Barbara fragt sich insgeheim, ob sie einen verwirrten Patienten vor sich hat, doch dann entschuldigt sich der Mann. Er hatte in seiner kroatischen Muttersprache gesprochen, so sehr war er noch in seiner Traumwelt, dass ihm gar nicht aufgefallen war, dass er eine deutsche Krankenschwester vor sich hatte. Er entschuldigt sich auf Deutsch, beide lachen und wünschen einander eine 'Gute Nacht'.

Auch ich muss schmunzeln, als mir Barbara das erzählt. „Du schläfst ja immer wie ein Stein, du würdest vermutlich selbst Heerscharen von Schwestern und Pflegern nicht hören, wenn sie dein Schlafzimmer betreten würden!", meine ich zu ihr und füge hinzu: „Aber manchmal höre ich dich auch unverständliche Sachen in der Nacht brabbeln. Hast du etwa noch eine zweite Muttersprache?"

Nächtliche Träume 2

Barbara hat über die Weihnachtsfeiertage immer Frühdienst. Ein Patient ist allerdings immer schlecht gelaunt und äußerst anstrengend. Als Barbara in der Morgenfrühe in das Zimmer des Patienten kommt, ist er gerade aufgewacht. „Wissen Sie, was ich eben geträumt habe?", fragt er Barbara. „Ich bin ein Clown gewesen und war total besoffen. Es war sooo schön!" Die ganze Schicht hindurch ist der Patient wohlgelaunt und Barbara fängt sogar das Schäkern mit ihm an: „Wie geht es unserem Clown?"

„Da war dieser Traum ja ein richtiges Weihnachtsgeschenk!", meine ich zu Barbara, als ich ihr die Reste vom ersten Weihnachtsfeiertag vorsetze. „Die ganze Weihnachtsgeschichte ist ja voll von Träumen. Schön, dass wir auf diese

*Weise daran erinnert werden", füge ich hinzu und lasse es
mir auch schmecken.*

Nächtliche Träume 3

Eine süße, nette, 94-jährige Patientin sagt mitten im
Nachtdienst gegen 4 Uhr bei einem Kontrollgang zu Barbara: „Schwester, es tut mir so leid, dass ich so böse zu Ihnen
war!" – „Aber nein, Sie waren doch nicht böse zu mir", antwortet Barbara. „Doch, doch, ich war doch ganz böse," antwortet die Oma. „Nein!", beharrt Barbara, „vielleicht haben
Sie das nur eben geträumt?" Pause. „Oh, echt nur geträumt?"
meint die Oma, „dann bin ich ja so froh, dass ich das nur
geträumt habe!" Friedlich schläft sie wieder ein.

*„Alle Achtung", meine ich, „das kommt ja selten vor,
dass Patienten zugeben, böse gewesen zu sein. Die wirklich
bösen Patienten kämen wahrscheinlich niemals auf die Idee,
das einzugestehen." – „Ja", meint Barbara, während sie ihren Kaffee trinkt, „das ist leider so. "*

Gebissreinigung

Nach dem Abendessen sagt ein Angehöriger einer fast 90-jährigen Patientin im Befehlston: „Putzen Sie jetzt bitte die Zähne unserer Oma!" Die Schwester, eine Schülerin, erwidert korrekt: „Tut mir leid, aber wir machen das später in einem Durchgang." – „Wir wollen aber, dass das jetzt sofort gemacht wird!" Der Ton wird schärfer. Diskussion. Der Angehörige: „Solange Sie hier jetzt diskutieren, hätten Sie es schön längst machen können! Wir wollen nur mal sehen, wie das gemacht wird!" Die Schwesternschülerin von Barbara lässt sich breit schlagen. Es ist ein komplizierter Vorgang, da unter dem Gebiss Haftpapierstreifen gelegt werden müssen. Den Angehörigen dauert das aber schon zu lange und sie machen sich aus dem Staub.

„Wie gelingt es euch eigentlich, den Angehörigen gegenüber einigermaßen ruhig zu bleiben, wenn sie so unverschämt auftreten?", frage ich Barbara, die aber nur das Gesicht etwas verzieht und die Schultern hochzieht. Oft sind es Machtspiele der Angehörigen, verbunden mit einem insgeheim schlechten Gewissen. Wenn man sich zuhause nicht um die Angehörigen kümmert, dann müssen am Krankenbett auf einmal alle Hebel in Bewegung gesetzt werden. Alle sollen jetzt springen. Ärzte können davon auch ein Lied singen. Es

sind durchaus große und kleine Demütigungen, die immer wieder hingenommen werden müssen. Unsere Gesellschaft zeigt sich da leider nicht nur von einer positiven Seite. Vielleicht sollten auch zu diesen Themen Fortbildungen für Schwestern und Ärzte angeboten werden?

Aber vielleicht sollten eher so manche Angehörige auf „Benimm-Kurse" geschickt werden ...

Patienten und ihre Betreuer

Ein neuer Patient liegt bei Barbara auf Station. Er löst – was sehr selten vorkommt – sofort Aggressionen aus. Er hatte einen Schlaganfall, ist schwer zu verstehen, aber umso aktiver, alle Schwestern in Gang zu halten. Alle fünf Minuten wird geklingelt. Vor allem: Gerade war man ja im Zimmer gewesen und drei Minuten später klingelt es schon wieder. Das kann nur Schikane sein. „Schwester, ich hätte gerne etwas Heißes." – „Was darf es denn sein?", fragt Barbara mit einem bezaubernden Lächeln, „einen Tee?". „Ja, einen Tee", lautet die Antwort. „Welchen Tee hätten Sie denn gern? Einen Kamillen-, Pfefferminz- oder Früchtetee?" – „Ich hätte gerne einen indischen Schwarztee ..." Was für ein bescheidener Wunsch in einem Krankenhaus. Man ist versucht nachzufragen, ob man ihn auf einem Silbertablett mit Milch und Zucker servieren dürfe. „Schwarztee haben wir, aber nur einen ganz gewöhnlichen," antwortet Barbara. Doch damit sind noch längst nicht alle Wünsche erfüllt. Jetzt wird es knifflig. „Rufen Sie bitte meine Betreuerin an und erkundigen Sie sich nach meiner Wohnung!" Barbara ist so nett, morgens um 9 Uhr diesen Auftrag zu erfüllen, ahnt aber schon, was auf sie zukommen könnte, denn sie hat noch nie erlebt, dass Betreuer „normal" und mit etwas Verständnis und Einfühlungsvermögen für die besondere Situation auf einer Krankenhausstation reagieren. Folgendes Telefonat entspinnt sich: „Krankenhaus, Station 9, Schwester Barbara, kennen Sie Herrn X?" – „Ja, ja, ich bin die Betreuerin." Die Frage nach der Wohnung alarmiert sie, sie ist etwas pikiert. „Was soll da schon sein?" Es kommt der von Barbara befürchtete Gegenangriff: „Gestern sollte der Ultraschall gemacht werden, ist das inzwischen endlich erledigt?" Um 9 Uhr war natürlich noch nichts gemacht worden. „Ich möchte sofort den Stationsarzt sprechen!", bellt sie ins Telefon. „Das geht leider nicht, er ist gerade auf Visite," antwortet Barbara. Dann solle er gefälligst in einer Stunde bei ihr anrufen. „Das kann ich nicht versprechen", meint Barbara, „versuchen Sie es doch bitte selbst noch mal." – „Das ist doch wohl nicht zu viel verlangt, dass er mich zurück ruft!", tönt es aus dem Hörer. Aufgebracht legt die Betreuerin auf.

Zur Übergabezeit, etwa 13:50 Uhr, fährt Barbara den Patienten zum Ultraschall, kurz danach ruft der Oberarzt vom Ultraschall an, man solle den Patienten sofort holen, er müsse dringendst auf Toilette. Barbara, deren Dienst jetzt eigentlich schon beendet wäre, holt ihn und kommt gerade mit ihm angerollt, da sitzt die Betreuerin wie eine Furie auf dem Stationsflur, springt auf mit der messerscharfen Frage: „Haben Sie schon die Ergebnisse vom Ultraschall?" – „Ich bringe ihn gerade vom Ultraschall, der Oberarzt wird das Ergebnis schon schicken", antwortet Barbara und verabschiedet sich in ihren verdienten Feierabend.

„Aha, wegen diesem Patienten und dieser Furie kommst du heute also so spät zum Essen!", meine ich zu Barbara. „Mir ist jetzt leider alles verkocht." – „Aber hast du den Patienten denn dann auch noch zur Toilette gebracht?" – „Nein, das Bedürfnis, auf die Toilette zu müssen, war beim Patienten angesichts der Betreuerin wieder verschwunden."

Klingelterror

Barbara kommt zum Nachtdienst. Der Spätdienst verabschiedet sich. Alles ist zunächst ruhig. Doch dann beginnt ein regelrechter Klingelterror: vier Klingeln gehen gleichzeitig! Patienten müssen auf die Toilette, Infusionen sollen abgehängt werden, eine Frau hat Luftnot, da sie die Sauerstoffbrille verloren hat. Eine verwirrte Oma sucht ihre Tochter und schlurft auf dem Flur herum. Sie muss beruhigt und ins Bett zurück gebracht werden. Es ist eine Stunde die reinste Hölle. Trotzdem, Barbara behält die Ruhe und ihr fällt beim Zurückbringen einer Patientin sogar auf, dass die Wasserflasche leer ist. Barbara nimmt die Flasche und fragt, ob sie neues Wasser bringen solle. Die Patientin bejaht. Der Klingelterror geht aber weiter, die Flasche bleibt zunächst leer. Keine drei bis vier Minuten nach dieser Begegnung klingelt die Patientin wieder: „Sie wollten mir doch ein Wasser bringen!" Barbara, die ich als ruhige, ausgeglichene Ehefrau kenne, rastet aus. Ihre Contenance schwirrt davon. „Ich bin hier allein und ich renne gerade von einer Klingel zur anderen! Ich bringe Ihnen schon Ihr Wasser, aber nicht jetzt!"

„Huch, so kenne ich dich gar nicht!", muss ich lachen, als mir Barbara das erzählt. Inzwischen hat sie sich ausgeschlafen vom Nachtdienst und genießt das Frühstück, das ich vorbereitet habe. „Aber es ist ja auch einfach unmöglich, dass du im Nachtdienst gleich zwei Stationen zu versorgen hast", versuche ich sie zu trösten. „Ja", bemerkt Barbara

selbstironisch, „im Idealfall klingelt es vorne auf der einen Station und hinten auf der anderen Station …"

Hypochonder

Barbara ist unterwegs zum Labor. Ein älterer Herr mit Hut, sehr vornehm angezogen, ist ganz aufgeregt und spricht sie an: „Wo ist hier die Notaufnahme? Ich habe einen Schlaganfall!" Barbara muss innerlich grinsen, schickt ihn aber höflich zur Aufnahmestation. Normalerweise könnte er nach einem Schlaganfall nicht mehr laufen und sprechen und die Mundwinkel wären herunter gezogen. Natürlich könnte es auch ein kleiner Schlaganfall gewesen sein. Als Barbara das allerdings ihrer Mitschwester Leandra erzählt, muss auch sie herzlich lachen.

„Naja," meine ich, als mir Barbara diese Geschichte erzählt, die tatsächlich ein wenig an Slapstick erinnert, „besser gleich die Notaufnahme aufsuchen, statt lange warten, wenn man sich nicht sicher ist, ob da was gewesen ist." –
„Sicherlich", erwidert Barbara, „aber so manche Hypochonder können den Betrieb ganz schön aufhalten".

Einweisungen aus Einrichtungen

Um 15:30 Uhr wird ein dementer Patient in ein Pflege-
heim entlassen, in dem er einen Pflegeplatz bekommen hatte.
Um 20 Uhr ist er wieder da. Der Einweisungsgrund: 40 Grad
Fieber. Bei der Aufnahme war jedoch nachgemessen worden: Ganz normale 37 Grad. Warum ist er also da?

*Es ist kurz vor Ostern, als mir Barbara nach dem Spät-
dienst davon berichtet. Es mag vielleicht eine böse Unter-
stellung sein, aber es ist auffällig, wie oft demente, durchaus
auch kratzbürstige Patienten aus Pflegeheimen gerade vor
längeren Feiertagen wie Weihnachten und Ostern auf die
Station kommen. Offensichtlich gibt es über die Feiertage zu
wenig Personal in den Pflegeeinrichtungen. Ich muss lachen,
als mir Barbara von der Hitliste der Einweisungsgründe erzählt. Fast verschlucke ich mich an einem Osterei. „Ver-
schlechterung des Allgemeinzustandes“ lautet der belieb-
teste Einweisungsgrund. Dann folgt Eksikkose, also Aus-
trocknung, weil zu wenig getrunken wurde, bzw. vielleicht
nicht genügend Personal da war, um den Patienten genügend zu trinken zu geben. Nicht zu vergessen „entgleister Di-
abetes“, Durchfall oder Verstopfung. „Tja“, meine ich auf-*

munternd zu Barbara, „vielleicht solltest du da mehr Verständnis haben. In den Pflegeheimen fehlt es eben auch an Personal ... "

Ein kritischer Patient

Barbara ist mit Schwester Christina zum Spätdienst eingeteilt. Die Herausforderung dieser Schicht: Es gibt einen äußerst nörgligen, kritischen Patienten um die 60, der zum Stentwechsel (Gefäßstütze) einbestellt worden war. Als Barbara ihn liegend von der ERCP (Endoskopisch Retrograde Cholangio Pankreatikografie) abholt, fragt er mit scharfer Stimme, obwohl er noch leicht betäubt sein müsste: „Wer sind Sie?" Barbara trägt ein Namensschild mit dem Logo des Krankenhauses. Sie antwortet in Ruhe: „Ich bin Schwester Barbara und heute im Spätdienst auf Ihrer Station!". Zwei Stunden später, bei einem Durchgang der beiden Schwestern durch die Station, erhält dieser Patient eine Infusion und eine Spritze. Christina, von der Statur her fast ein Schrank, hängt die Infusion an, ohne sich vorzustellen. Sie trägt auch kein Namensschild. Der Patient bleibt erstaunlich ruhig. Jetzt kommt allerdings Barbara mit ihrer kleinen Spritze. „Wer sind Sie?" wird sie angeherrscht. „Sind Sie überhaupt befugt, das zu tun? Normalerweise stellt man sich vor!" – „Ich bin

Schwester Barbara, aber ich habe mich schon vor zwei Stunden vorgestellt", erwidert sie und fügt erklärend hinzu: „Vielleicht haben Sie das aber auch wieder vergessen, da Sie eine Betäubungsspritze bekommen hatten!" – „Ich vergesse nie etwas!" poltert der Patient zurück. Immerhin: Barbara darf die Spritze geben. Christina bekommt die Szene vom Flur aus mit und kriegt sich fast nicht mehr ein.

„Hoi, da hattest du ja einen äußerst kritischen Patienten!", meine ich zu Barbara, als ich gerade ein Spiegelei für sie in die Pfanne haue. „Wird 'Widerspenstigkeit' denn auch in der Patientenakte vermerkt?" frage ich sie lachend. „Na ja", meint sie, „ich habe zur Absicherung ins Kardex (Mappe zur Pflegedokumentation) geschrieben, dass der Patient etwas ungehalten gewesen sei, da man sich angeblich nicht vorgestellt habe ..."

Sprachlos

Ein Patient befindet sich wegen erhöhter Entzündungswerte auf Station. Man ist noch am Suchen, woran das liegen könnte. Inzwischen ist er schon eine knappe Woche da. Auf die verschiedenen Antibiotika, die er bekommen hatte, reagierte er allergisch und sieht inzwischen aus wie ein Streuselkuchen, was zum Glück aber keine Beschwerden verursacht. Jetzt klagt er über Knieschmerzen. Barbara macht einen Voltarenverband und legt Eis auf. Der Patient beruhigt sich. Er beklagt sich allerdings, dass ja nie ein Arzt für ihn Zeit habe. Tatsächlich war jedoch täglich die Stationsärztin bei ihm gewesen, gerade weil sein Fall nicht ganz einfach war. Inzwischen ist Wochenende, Samstagvormittag. Erstaunlicherweise taucht der Chefarzt auf und erkundigt sich bei Barbara, ob es etwas Besonderes gebe. Barbara erzählt ihm, dass der Patient darüber geklagt habe, dass er kaum mal einen Arzt zu Gesicht bekommen habe. Der Chefarzt besucht daraufhin den Patienten. Das ist sehr ungewöhnlich, denn es ist kein Privatpatient. Am Nachmittag kommt die Frau des Patienten zu Besuch, und sie fällt in die gleiche Leier ein, nur noch schlimmer: „Mal wieder kein Arzt da!" schimpft sie. Susi, die mit Barbara im Dienst ist, versucht sie zu beruhigen: „Immerhin war heute der Chefarzt bei Ihrem Mann!" Darauf antwortet die Frau: „Das ist ja wohl das Mindeste!"

„Und?" frage ich, „Susi ist doch nicht auf den Mund gefallen! Was hat sie der Dame geantwortet?" – „Tja", meint Barbara, während sie den Deckel des Kochtopfes lupft, um zu sehen, was sich darin befindet, „Susi, die eigentlich nie um eine Antwort verlegen ist, war sprachlos!"

Placeboeffekte

Wir sind bei meinen Eltern zu Besuch. Mein 86-jähriger Vater berichtet von einem Klinikaufenthalt wegen einer Nebenhodenentzündung. Da mein Vater auch im hohen Alter noch sehr gewissenhaft ist, überrascht es uns nicht, dass er davon erzählt, dass er sich gleich alle Namen der Schwestern und Ärzte notiert habe. Einen Pfleger hielt er allerdings fälschlich für einen Arzt und sprach ihn entsprechend mit „Herr Doktor" an. Jetzt beim Erzählen empört er sich noch immer darüber, dass der Pfleger nicht widersprochen habe. Barbara fängt das Kichern an. „Wenn verwirrte Patienten einen Arzt verlangen, aber keiner verfügbar ist, dann wird schon mal ein Pfleger ins Zimmer geschickt, der sich als ´Doktor` ausgibt, um die Patienten zu beruhigen. Es funktioniert!"

Gummibärchen

Einem Patienten geht es unerwartet sehr schlecht. Er fühlt sich nicht wohl und auch die ärztliche Visite bringt keine Erklärung. Schließlich fällt dem Patienten aber ein, dass er von Angehörigen eine Packung Gummibärchen geschenkt bekommen und sie komplett gegessen hatte. Er hätte so einen Hunger darauf gehabt. Er hat also eine ganze Packung Gummibärchen im Bauch!

Auch ich muss herzlich lachen, als mir Barbara das erzählt. Erst kürzlich hatten wir bei einem Sonderangebot zugegriffen und unsere Vorräte an Gummibärchen wieder aufgefüllt. „Und", frage ich Barbara, „gibt es bei euch jetzt ein Verzehrverbot für Gummibärchen!" – „Nein, nein, das natürlich nicht. Aber der Patient hat beteuert: 'Nie wieder Gummibärchen!'"

Ein Anruf von der Polizei

Um 7 Uhr klingelt es auf Station. Barbara nimmt den Hörer ab und es meldet sich die Polizei. Was denn auf ihrer Station los sei? Sie hätten einen Anruf von einer Patientin erhalten, die sich beschwert habe, sie sei im Krankenhaus eingesperrt und niemand würde sich um sie kümmern. Und dass sie im Übrigen aufs Klo müsse. Folgende Geschichte stellt sich heraus: Die leicht demente Patientin hatte zuvor geklingelt, da sie auf die Toilette wollte. Es war jedoch gerade Übergabe und Schwester Maria setzte sie deshalb auf den Topf, was ihr aber gar nicht passte. Fünf Minuten später klingelt sie wieder, Barbara holt den Topf, doch sie hatte kein

Pipi gemacht. Barbara erklärt ihr, dass sie später nochmals komme, um sie zu waschen. Sie lehnt das rigoros ab. Barbara nimmt das zu Kenntnis und hofft insgeheim, dass sie das später wieder vergessen haben dürfte. Nicht auf den Kopf gefallen ruft die Patientin kurz danach die Polizei.

„Und", frage ich Barbara, als ich gerade die Spaghetti mit Thunfischsoße auf den Teller lade, „ist die Polizei noch gekommen?" – „Nein, zum Glück nicht. Wer weiß, wer den Einsatz hätte bezahlen müssen!" – „Und", frage ich weiter, „hat sich die Patientin denn dann noch waschen lassen?" – „Ja", antwortet Barbara, „sie hat sich später wieder beruhigt und ich bin gut mit ihr zurecht gekommen. Wir haben sogar miteinander geschäkert und ein paar Späße gemacht ..."

Ein Diakon reicht nicht

Auf Station liegt seit zwei Tagen ein Patient, der nicht mehr richtig ansprechbar ist, sich aber in einem stabilen, nicht lebensbedrohlichen Zustand befindet. Am nächsten Tag soll er entlassen werden. Angehörige sind gerade da, als Barbara das Zimmer betritt. Sie wird ganz subtil angesprochen: „Schwester, gibt es hier die Möglichkeit zur Krankensalbung?" Barbara bejaht und bekommt daraufhin zu hören: „Dann können Sie jetzt für einen Priester sorgen!" Barbara ruft den zuständigen katholischen Krankenhausseelsorger, einen Diakon, an. Er verspricht, bald zu kommen und sich um das Weitere zu kümmern. Barbara geht nochmals ins Zimmer, um mitzuteilen, dass sie den Diakon vom Haus erreicht hätte und dass er gleich käme. Daraufhin wird Barbara von einer der Angehörigen von oben bis unten abschätzig gemustert und dann scharf angegangen: „Ein Diakon? Was sollen wir mit einem Diakon? Können Sie nicht für einen Priester sorgen?" Barbara, normalerweise überlegt und geduldig, kann nur etwas ungehalten antworten: „Der Diakon kommt gleich zu Ihnen und wird sich schon darum kümmern!" Sie dreht sich um und geht „geladen" aus dem Zimmer.

„Ist das nicht etwas eigenartig", frage ich Barbara, als sie mir das bei einer Kürbissuppe erzählt, „dass gerade die Leute, die da so Wert legen auf einen Priester, selbst überhaupt nicht nach dem Gebot der Nächstenliebe handeln?" – „Ja", antwortet mir Barbara, die selbst sehr offen ist für christliches Engagement, „leider erlebe ich das immer wieder, dass gerade diejenigen, die sich so betont christlich ge-

Döner

Es ist Sonntag. Ein türkischer Patient kommt mit starken Beschwerden im Bauchraum auf die Station. Die Diagnose ist noch unklar, die Untersuchungen laufen noch und er darf nur Brei essen. Es klingelt. Der Patient fragt Barbara, wann er wieder normal essen dürfe. Barbara antwortet, dass am nächsten Morgen der Arzt komme und das dann entscheiden werde. Der Patient scheint mit der Antwort zufrieden zu sein. Auf einmal duftet es nach Dönerfleisch und frischem Fladenbrot. Auch Barbara läuft das Wasser im Mund zusammen. Sie ahnt etwas und sucht das Patientenzimmer des türkischen Patienten auf. Der Patient ist gerade dabei, einen ganzen Döner zu verspeisen. Offensichtlich hatte er Freunde angerufen, ihm einen zu bringen.

*„Oh, da habe ich heute ja das komplett Falsche ge-
kocht!", meine ich, als mir Barbara davon erzählt. Ich kann
dir leider heute nur einen Blumenkohl anbieten. Hat er den
Döner denn noch zu Ende gegessen?" – „Ich habe es nicht
unterbunden", berichtet Barbara, „aber als es eine Weile
später im Dienstzimmer geklopft hat und weitere Angehörige
gekommen waren und artig gefragt haben, ob der Patient
denn Döner essen dürfe, habe ich rigoros gesagt, dass er
schon einen gehabt hätte und dass ihm ein zweiter bestimmt
nicht gut tun würde. Offensichtlich hatten sie einen weiteren
Döner mitgebracht."*

Ibrahim

Ein Patient kommt zu einer Untersuchung auf Barbaras
Station. Er war wegen der geplanten Untersuchung darum
gebeten worden, nüchtern zu erscheinen. Die Untersuchung
wird jedoch kurzfristig verschoben und der Patient darf nun
doch etwas essen. Da der Patient „Ibrahim" heißt, gehen Barbara und Schwester Claudia davon aus, dass er kein Schweinefleisch essen darf. Aber es gibt nur noch ein Essen mit
Schweinefleisch. Etwas unsicher bieten sie es Patient „Ibrahim" an: „Wir haben noch ein Essen mit Schweinefleisch übrig". Sie rechnen allerdings mit einer klaren Ablehnung.

Doch wider Erwarten sagt der Patient freudestrahlend: „Natürlich esse ich Schweinefleisch! Ich bin Kurde!"

Heute gibt es bei uns zufälligerweise auch gerade Schweineschnitzel, als mir Barbara das erzählt. Ich muss lachen und bin überrascht über diese kulturellen Rücksichten, die die Schwestern da nehmen. „Würdet ihr denn auch Patienten, die 'Maria' oder 'Josef' heißen am Aschermittwoch oder Karfreitag kein Fleisch anbieten?" frage ich Barbara. „Das wären ja vermutlich dann wohl auch Katholiken. Aber wahrscheinlich würden die dann sagen: 'Her damit! Wir sind evangelisch!'" Jetzt muss auch Barbara lachen und zugeben, dass man vom Namen her noch nicht gleich auf die Religion schließen könne.

Zuzahlungen 1

Eine Patientin wird von der Aufnahmestation abgeholt. In den Unterlagen steht jedoch in dicken Buchstaben mit drei Ausrufezeichen: „PRIVAT VERSICHERT!". Barbaras Station ist jedoch keine Privatstation. Die Patientin selbst ist etwas verwirrt, man kann sie nicht danach fragen. Die Ansprechperson ist die Tochter. Barbara erinnert sich jedoch, dass die Patientin schon mal da war und dass die Tochter total Stress gemacht hatte. Dummerweise war das damals an einem Freitag um 16 Uhr, wo niemand mehr zu erreichen gewesen war. Sie beschwerte sich, warum ihre Mutter nicht auf der Privatstation liege. Es war richtig aufwändig damals, alles wieder umzuorganisieren. Die Station beschließt deshalb, die Tochter nochmals anzurufen, um sich zu vergewissern, dass die Mutter weiterhin privat versichert ist. Die Tochter reagiert jedoch völlig überraschend mit der Bitte: „Bloß nicht auf die Privatstation! Beim letzten Mal mussten wir so viel zuzahlen!" Die Mutter solle auf jeden Fall da bleiben, wo sie jetzt sei.

„Aha", reagiere ich beim Löffeln meiner Suppe, „es gibt sie also doch, die Zwei-Klassen-Medizin. Wer das Geld hat, liegt auf der Privatstation!" – „Mag schon sein", erwidert Barbara gelassen, „aber du wolltest ja keine Zusatzversicherung abschließen. Chefarztbehandlung und so ein Quatsch! Du würdest im Fall der Fälle jedenfalls bei mir auf Station landen! Aber ... wir Schwestern hätten vielleicht das Glück – sollte zufälligerweise gerade ein Bett auf der Privatstation frei sein – ein entsprechendes 'Upgrade` zu bekommen...".

Zuzahlungen 2

Eine Patientin kommt in das Dienstzimmer und beklagt sich über die Mitpatienten. Die Geräuschkulisse in dem Dreibettzimmer sei so laut und sie halte es dort einfach nicht mehr aus. Zudem könne sie bei dem Geblubbere des Sauerstoffgeräts der Mitpatientin nicht schlafen. Die diensthabende Ärztin antwortet lapidar: „Dafür bin ich nicht zuständig. Dafür ist das Pflegepersonal zuständig." Barbara hätte sich jetzt gerne verdrückt, wird aber von der resoluten Patientin abgefangen. Barbara kann ihr nur mitteilen, dass das eben gerade die Belegungssituation sei und dass es kein weiteres freies Bett gäbe. „Es gibt doch 1. und 2. Klasse – Zimmer!", insistiert die Patientin. „Ach, Sie meinen die Privatstation für Wahlleistungspatienten?", fragt Barbara zurück. Die Patientin möchte unbedingt wechseln, muss das aber selbst bezahlen. Und mit ihrer Unterschrift bestätigen, dass sie die Mehrkosten übernimmt.

„Und?", frage ich Barbara, „bist du die Patientin los geworden?" – „Nein", antwortet mir Barbara, „als ich ihr den Antrag mit der Preisliste geholt habe, hat sie die Preise sehr genau studiert. Danach habe ich auf einmal nichts mehr von ihr gehört!"

Ein unausgepackter Koffer

Eine Patientin ist von der Intensivstation auf Barbaras Station verlegt worden. Sie hat Bauchschmerzen. Die Ursache hat man gefunden, eine Entzündung der Magenschleimhaut. Der Behandlungsweg ist klar: Antibiotika, abheilen lassen, Magenschutz, Schmerzmittel. Es braucht allerdings Zeit. Am Freitagnachmittag kommt die Tochter der Patientin zu Besuch und stürmt gleich in das Dienstzimmer. „Kann ich Ihnen helfen?" fragt Barbara ganz freundlich. „Ja", ich bin die Tochter von Frau X", antwortet sie, „meine Mutter hat so Schmerzen und normalerweise wird das dann doch so und so gemacht! Aber bei meiner Mutter…". Zufälligerweise sitzt auch die Stationsärztin im Dienstzimmer und schaltet sich in das Gespräch ein. „Sind Sie medizinisch versiert?" fragt sie. „Nein, aber meine Freundin. Sie ist Sanitäterin und die hat mir gesagt …" Die Ärztin unterbricht sie: „Wir geben uns alle Mühe und wissen, was in einer solchen Situation getan werden muss. Ich habe sechs Jahre lang studiert, kommen Sie mir bitte nicht damit!" Die Tochter schluckt die Antwort und geht zurück zu ihrer Mutter ins Patientenzimmer. Nach einer Dreiviertelstunde kommt sie wieder heraus und trifft erneut auf Barbara. „Meiner Mutter geht es so schlecht, ich muss nochmals mit einem Arzt sprechen!" Objektiv betrachtet ging es der Mutter aber vergleichsweise gut. „Ich kann so nicht nach Hause zu meinen Kindern gehen!" – „Die Stationsärztin ist noch im Dienstzimmer", antwortet Barbara, „Sie können mit Ihren Fragen zu ihr gehen." – „Sie haben doch mitbekommen, wie sie mir geantwortet hat. Da gehe ich nicht mehr hin. Gibt es noch einen anderen Arzt?" – „Das ist die Stationsärztin", versucht Barbara zu beruhigen, „es gibt keinen weiteren zuständigen Arzt!" Daraufhin rauscht die Tochter ab. Offensichtlich – wie sich später herausstellt – sucht sie den Stationsarzt der Nachbarstation auf und auch noch den Arzt der Aufnahmestation. Die dort diensthabende Schwester ruft bei Barbara auf Station an, es stehe da so eine aufgebrachte Angehörige. Die Tochter kommt zurück, sagt zu einer Kollegin von Barbara, sie könne so nicht gehen. Die Kollegin antwortet souverän, sie könne gerne über Nacht bei ihrer Mutter da bleiben. Das macht sie jedoch nicht. Sie geht nach Hause.

„Alle Achtung", stelle ich mir die Situation nochmals vor, als wir gerade am Abendbrottisch sitzen, „da hat sie also drei Ärzte und euch Schwestern schalu gemacht..." – „Ja", unterbricht mich Barbara, „aber der eigentliche Hammer kommt noch: Als sie gegangen war, komme ich nochmals in das Zimmer der Mutter und frage sie, ob ich ihr beim Zähneputzen helfen solle. 'Ja`, hat sie geantwortet. 'Wo ist denn Ihre Zahnbürste` frage ich sie. 'Wahrscheinlich im

Schrank` antwortet sie. Ich öffne den Schrank und finde da einen megagroßen Koffer. Er ist unausgepackt! Ich war so was von entsetzt! Ich frage die Mutter: 'Hat Ihre Tochter Ihnen denn nicht den Koffer ausgepackt?` Aber da hatte sie wohl nicht die Zeit dazu. Es wäre doch das Naheliegendste und Wichtigste für die Mutter gewesen, oder?"

Ein mit Liebe bezogenes Bett

Eine Patientin kommt im Frühdienst in das Dienstzimmer und verlangt mit Vehemenz das Wechseln ihrer Bettwäsche. Sie hätte so furchtbar in der Nacht geschwitzt! Die diensthabende Schwester kommt in das Dreibettzimmer und ist verblüfft: drei Bettdecken liegen übereinander. Unglaublich, kein Wunder, dass die Patientin mitten im Frühsommer so geschwitzt hatte. „Soll ich Ihnen alle drei Decken beziehen oder reichen Ihnen zwei?", fragt die Schwester, „Sie schwitzen bestimmt weniger mit zwei Decken!". Die Patientin geht fast an die Decke. Sie hätte gefroren, sie brauche diese Anzahl an Decken, was ihr einfalle… Die Kollegin macht sich wortlos an die Arbeit und wechselt die Bezüge der drei Decken. Zum Glück hat die Patientin nicht auch noch drei Kissen gehortet. Beim Spätdienst kommt Barbara in dieses Zimmer. Die Bettnachbarin meint zu Barbara, dass ihr Bett schon drei Tage lang nicht mehr frisch bezogen worden sei, während ihrer Nachbarin wohl täglich die Wäsche gewechselt werde. Barbara, die es eigentlich vermeiden will, diesen Service auszudehnen, entschließt sich dann doch zum diplomatischen Wechseln der Bettwäsche. Als Barbara mit dem Beziehen fertig ist, meint die schwitzende Patientin zu ihrer Bettnachbarin: „Auch wenn meine Wäsche öfters gewechselt wurde: Ihr Bett wurde jetzt mit Liebe bezogen!" Barbara ist verblüfft: Schläft es sich in einem „mit Liebe bezogenen Bett" besser?

Ich muss mal wieder lachen, als mir Barbara davon erzählt. Heute sitzen wir im Garten, es ist einer dieser schönen Juniabende, wo es noch nicht dunkel ist, als Barbara vom Spätdienst nach Hause kommt. Ich habe einen Sommersalat vorbereitet. „Das ist ja wie im Kindergarten bei euch!", meine ich zu Barbara gewandt: „Was die hat, das möchte ich auch haben!" Und dann mache ich eine interessante Beobachtung: Unser Kirschbaum hängt voller Kirschen. Ein Fest für die Amseln. Eine Amsel hat sich gerade in diesem Schlaraffenland eine Kirsche geholt. Sofort kommt eine zweite Amsel angehüpft und muss ihr unbedingt gerade diese eine Kirsche wegschnappen. Als gäbe es keine weiteren Kirschen im Baum. Ob wir unser Verhalten aus dem Tierreich haben oder ob die Tiere das von uns gelernt haben?

Schwulsein

Der Sohn einer Patientin kommt in das Dienstzimmer und möchte etwas von Barbara wissen. Ihr erster – unerlaubter – Gedanke: Der ist bestimmt schwul! Schwester Petra, die mit im Dienstzimmer sitzt und das Gespräch am Rande mitbekommen hatte, sagt zu Barbara: „Also, wenn der nicht schwul ist, wer dann?" Sie spricht offen aus, was Barbara nur gedacht hatte. Nun telefoniert der Herr auf dem Flur. Da kommt eine Kollegin von der Nachbarstation in das Dienstzimmer und fragt: „Sagt mal, wer ist denn dieser schwule Friseur auf dem Flur?"

„Na, das klingt ja fast etwas homophob", reagiere ich auf die gemeinsame Einschätzung der Schwestern, als mir Barbara davon erzählt. „Nein", entgegnet sie, „wir haben das ja nicht abwertend oder verurteilend gemeint, sondern es war einfach eine Feststellung. Gefragt haben wir ihn natürlich nicht, ob er schwul sei."

Security 1

Eine junge Frau mit Drogenproblemen wird auf der Station eingeliefert. Eine Weile später kommt ihr Freund, völlig zugedröhnt und ebenfalls in einem schlechten Zustand. Er muss von der jungen Frau im Rollstuhl über den Flur gefahren werden. Plötzlich meldet sich die Security des Hauses bei Schwester Petra und macht sie herunter, was ihnen denn einfalle, diesen Mann auf die Station zu lassen. Er hätte Hausverbot! Doch woher sollte Schwester Petra das wissen? „So etwas spricht sich doch herum!“, wird sie von der Security belehrt. Immerhin, er war ja scheinbar auch unbehelligt am Empfang vorbei gegangen. Und Schwester Petra wird eingeschärft: „Wenn er nochmals zu Ihnen kommen sollte, dann verweisen Sie ihn des Hauses!“

„Ihr sollt Security spielen und Leute des Hauses verweisen?“ frage ich entgeistert Barbara, als sie mir davon erzählt. „Kann das denn dann nicht die Security des Hauses selbst übernehmen?“ Barbara sieht mich an, als sei ich von einem anderen Stern. Und beißt erst mal in ihr Käsebrot. „Petra hat die Security natürlich gefragt, was sie machen solle, wenn der Mann nicht gehen wolle. Sie hat zur Antwort erhalten, dass sie dann die Polizei rufen solle!“

Security 2

Barbara bekommt von der Pforte einen Anruf. Da sei ein ganz aggressiver Angehöriger, der seine Mutter besuchen wolle. Sie hätten ihn nicht aufhalten können. „Toll", denkt sich Barbara, „was soll ich jetzt machen? Die Security kann ich ja nicht rufen, die wird mich an die Polizei verweisen." Zufälligerweise ist gerade ein Pfleger von der Urologie da und als Barbara ihm das erzählt, meint er netterweise, er bleibe noch da. Und da stürmt auch schon der angekündigte Angehörige auf die Station: Groß, kräftig gebaut, Stiernackenblick, könnte ein Boxer sein, roboterhaft, aber unbewaffnet. Nett wird er gleich vom „Empfangskomitee" begrüßt. „Wo möchten Sie denn hin?" fragt Barbara. Er hält ihnen nur einen Zettel mit einem Namen hin, schaut dabei aber weg. „Ich geh sie mal schnell fragen", flüstert Barbara ihrem Kollegen zu. Für die Mutter ist der Besuch in Ordnung, trotzdem begleitet Barbara den Sohn noch zu seiner Mutter.

„Ich hoffe, du hattest heute keine Angst, durch die Dunkelheit zurück zu laufen", als mir Barbara diese Geschichte erzählt. Sie hat keinen weiten Weg, muss aber immer auf dunklen, unbeleuchteten Wegen gehen, wenn sie das Krankenhaus verlässt. „Nein, nein", antwortet sie, „es war dann

alles okay. Die Mutter hat ihren Sohn beruhigen können und meine: 'Lass sie mal, ich werde hier gut behandelt!'"

Ein junger Pflegeschüler

Eine Patientin – nein, sie ist nicht dement, wie man vermuten könnte, sondern ganz klar – macht total Stress mit ihren tausend Wünschen. Aber es gibt ein Gegenmittel: junge Männer! Barbara, die das Gemeckere irgendwann nicht mehr ertragen kann, holt den Pflegeschüler Harald beim Waschen hinzu. Die Patientin ist auf einmal wie umgedreht, lammfromm und ruft begeistert aus: „Harald! Auf dich habe ich schon gewartet!" Barbara fällt fast rückwärts zur Tür wieder heraus.

„So einen Stimmungswechsel hätte ich nie für möglich gehalten!", erzählt mir Barbara immer noch etwas fassungslos. „Unglaublich, wie elektrisierend so ein junger Mann auf eine Patientin wirken kann!" Ich muss erst mal lachen und meine zu Barbara, dass sie vielleicht ein paar junge Männer als Springer im Haus anstellen sollten, einfach so, um widerspenstige Patientinnen beruhigen zu können.

3. Kapitel: Stationsleitung und Personalabteilung

Man muss vermutlich schon eine besondere Konstitution haben, um die Aufgabe einer Stationsleitung freiwillig zu übernehmen. Es ist eine typische „Sandwichstellung", in die man da hinein gerät: Auf der einen Seite der Druck aus der Geschäftsführung des Hauses, bestimmte Kennziffern zu liefern, Belegungszahlen zu erreichen und das bei möglichst geringem Personaleinsatz. Auf der anderen Seite das Team der Station, das diesen Druck oft nicht aushält, zumindest wenn es vermehrt Krankheitsfälle gibt oder wenn Kolleginnen gehen und einfach nicht mehr ersetzt werden. Es mag wie aus einem schlechten Film klingen, aber einer FSJlerin (d.h. einer jungen Frau, die ein Freiwilliges Soziales Jahr im Krankenhaus ableistet und zuweilen entgegen der Vorschriften wie eine Vollzeitkraft eingesetzt wird) wurde von der Stationsleitung ungerührt gesagt: „Die Schwestern müssen eben noch lernen am Limit zu arbeiten!" Früher mag so ein Satz, gedankenlos ausgesprochen, vielleicht schnell wieder vergessen gewesen sein. Heute, im Zeitalter der Sozialen Medien, landet so eine Aussage der eigenen Stationsleitung schnell bei allen Kolleginnen auf dem Smartphone. Kein Wunder, dass die Schwestern da auf „180" sind, denn sie arbeiten wirklich oft am Limit! Es sieht also leider eher schlecht aus, wenn man danach fragt, wie viel Wertschätzung Schwestern von der Stationsleitung oder von der Pflegedienstleitung des Hauses erfahren. Natürlich, es fehlt bei offiziellen Anlässen nicht an lobenden Worten, es gibt auch ein jährliches Mitarbeiterfest, bei dem sich das Haus einiges einfallen lässt, aber es bräuchte eben die Unterstützung im ganz normalen Alltag, bzw. im täglichen Wahnsinn. Es muss schon viel passiert sein, wenn sich Schwestern trauen, eine Überlastungsanzeige zu schreiben. Sie ist meist gut begründet und wird teilweise auch von den Ärzten unterstützt, die um die Situation der Schwestern wissen. Doch dann kommt von der Pflegedienstleitung ungerührt ein Antwortbrief mit dem Tenor, die Station sei doch nur zu 75% belegt gewesen, was die Schwestern denn hätten und man hätte ja auch Hilfe von benachbarten Stationen holen können. Ein wertschätzendes oder wenigstens ein verständnisvolles Wort? Fehlanzeige. Pflegenotstand? Doch nicht bei uns! Im Gegenteil: Unfähigkeit wird vorgeworfen, schlechte Arbeitsorganisation, und dann fällt sogar der Satz von der Pflegedienstleitung: „Sie haben billigend die Gefährdung der Patienten in Kauf genommen!" Ein Hammersatz. Diejenigen, die die Anzeige unterschrieben haben, werden nochmals vorgeladen. Ihnen wird die Belegungsstatistik vorgerechnet und abgesprochen, in einer Überlastungssituation gewesen zu sein. Ob die Patienten Schwerstpflegefälle waren oder nicht, spielt da keine Rolle. „Unsere Schwestern sind so ein Schatz … und dann bekommt man nur Druck statt Anerkennung! Es würde manchmal total reichen, ein kleines Lob zu hören", sagt mir Barbara, und eigentlich könnte man meinen, dass diese wertschätzende, anerkennende Betriebskultur doch selbstverständlich sein müsste, doch leider ist oft das Gegenteil der Fall. In unserem Fall wurde es beim „Zukauf" eines kleinen Krankenhauses in der Umgebung sogar auf die Spitze getrieben: Die Stationsleitungen wurden bewusst ausgetauscht und die Teams auseinander gerissen. Dass da die Mitarbeitermotivation fast auf „0" sinkt, ist mehr als einleuchtend, und manchmal ist man fassungslos, was Coaches offensichtlich ihren Pflegedienstleitern, Personalleitern und Geschäftsführern für Methoden empfehlen. Nichts gegen teure Werbeaktionen, um zum Beispiel aus Spanien Krankenschwestern nach Deutschland zu holen, ihnen Deutschkurse zu bezahlen und nette Unterkünfte anzubieten. Doch ganz ehrlich: Würde man etwas wertschätzender seine Mitarbeiterinnen und Mitarbeiter behandeln, der Krankenstand wäre niedriger und das Personal würde es sich dreimal überlegen, ob es kündigen soll oder nicht. Doch schauen wir mal selbst, wie dieses Gefüge im Alltag einer Krankenschwester aussieht.

Mitarbeitermotivation

Es ist kurz vor Weihnachten. Schwester Michaela, die Stationsleiterin, schleppt ein megagroßes Plakat an: Es hat eine halbe Türlänge. Eine ideale Größe, um darauf z.B. „Frohe Weihnachten liebe Mitarbeiterinnen" zu schreiben. Doch zum Erstaunen der Mitarbeiterinnen ist auf dem Plakat jeder Dezembertag aufgelistet – man könnte also meinen, eine Art Adventskalender – doch nein, es wird darauf ersichtlich, wie viel examinierte Schwestern jeweils zum Dienst eingeteilt worden waren. Schwester Michaela möchte damit dem Gerücht entgegen wirken, man sei permanent unterbesetzt. Eine Mitschwester von Barbara murmelt leise: „ Hätte sie doch besser zwei bis drei Leute gewaschen, das hätte uns wirklich geholfen, statt Zeit für so etwas zu verplempern …"

Zufälligerweise wird eine Kollegin gerade in diesen Tagen zum Mitarbeitergespräch gerufen. Seit vier Monaten ist sie im Dienst, und nun kommt also das fällige Gespräch mit Schwester Helga, der stellvertretenden Stationsleitung. Die neue Kollegin beklagt sich, dass die Dienste sehr anstrengend seien, sie käme immer sehr kaputt nach Hause und sie seien eben oft schlecht besetzt. Auf diese Bemerkung hatte Schwester Helga offensichtlich schon gewartet. Prompt kommt triumphierend ihre Antwort: Ob sie denn nicht das Plakat gesehen hätte? Da sehe man doch, dass man gut besetzt sei!

Äußerst motiviert nach diesem Mitarbeitergespräch geht die Kollegin wieder an ihre Arbeit.

Als mir Barbara das am beschaulich, adventlich gedeckten Kaffeetisch erzählt, frage ich nach: Wer denn eigentlich festlege, mit wie viel Leuten man „gut besetzt" sei? Barbara kann dazu keine eindeutige Antwort geben. Aber sie schildert mir, wie an diesem Tag der Frühdienst mit einer „guten Besetzung" aussah: Nach der Übergabebesprechung zu Dienstbeginn um 6 Uhr startete sie um 6:30 Uhr den „speed" – Durchgang": Bei 21 Patienten misst sie den Blutdruck, die Temperatur, dokumentiert das Ganze und teilt noch die Tabletten aus. Dafür hat sie eine Stunde Zeit, also keine drei Minuten pro Patient. Parallel dazu waschen die Kolleginnen die Patienten. Danach geht es gleich weiter: Infusionen müssen vorbereitet und angehängt werden, Medikamente sind bei der Apotheke zu bestellen, etwa ein Drittel der Patienten werden gewogen. Telefonanrufe müssen entgegen genommen werden und auch der Blutzucker ist zu messen. Für all das hatte sie nochmals eine halbe Stunde Zeit. Unglaublich, denke ich, was meine Frau bis 8 Uhr schon geleistet hat. Da hole ich gerade die Zeitung aus dem

Briefkasten und fange mit dem Frühstück an. Zu dieser Zeit ist sie aber selbst am Frühstück austeilen. Die Patienten müssen dazu aufgerichtet und an die Bettkante gesetzt werden. Tee wird aufgefüllt, Tropfen müssen gestellt werden. Zwei Kolleginnen können jetzt selbst zum Frühstücken gehen. Barbara bleibt zurück auf Station. Ärzte haben nun ihre Fragen, geben Anordnungen heraus, die möglichst sofort umgesetzt werden sollen. Das Frühstück muss eingesammelt werden, dabei wird auch gleich kontrolliert, ob die notwendigen Tabletten eingenommen worden sind. Manchen Patienten muss das Essen angereicht werden. Ja, und dann die Anrufe: „Bitte Patient X zur Sono fahren!", „Patient Y zum Ultraschall bringen!", „Patient Z zur Gastroskopie" – man könnte meinen, bei diesem Programm sei jetzt schon Mittagszeit, doch es ist erst 9 Uhr. Das Team ist inzwischen zurückgekehrt, jetzt darf auch Barbara in ihre Frühstückspause ...

Feintuning am Schrotthaufen

Das megagroße Dezemberplakat hängt immer noch. Passend zur folgenden großen Stationsbesprechung, an der auch die Ärzte teilnehmen. Auch das Thema Visitenzeiten steht auf der Tagesordnung, und wie die Zusammenarbeit zwischen den Ärzten und Schwestern verbessert werden kann. Da platzt es plötzlich aus dem Oberarzt heraus: „Was wir da machen ist Feintuning am Schrotthaufen!" Er beklagt, dass einfach zu wenig Personal da sei, und Barbara freut sich mit ihren Mitschwestern, dass ein Arzt eine Lanze für sie gebrochen hat. Doch die Pflegedienstleitung interveniert sofort mit dem Hinweis, dass das jetzt nicht Thema sei. Und im Übrigen hänge da ja ein Plakat …

Ich muss schallend lachen, als Barbara mir das am Küchentisch erzählt. Beinahe verschlucke ich mich am Kaffee. Ihre Station ein Schrotthaufen? Und ein Arzt, der mit einem Plakat zur Räson gebracht wird? Vor meinen Augen habe ich den neuen Dienstplan: Eingeteilt zur Arbeit im Schrotthaufen sind …

Attraktive Leitungsaufgaben

Schwester Helga gibt nach drei Jahren ihre Aufgabe als stellvertretende Stationsleitung wieder ab. Ihr nüchternes Fazit gegenüber ihren Mitschwestern: „Von uns wird sich ja auf diesen Schleuderstuhl sowieso niemand bewerben. Da wird wieder jemand von außen rangeholt werden müssen."

Sofort frage ich Barbara, ob sie sich nicht auf die Stelle bewerben wolle. „Bist du verrückt?" und sieht mich entgeistert an. „Wahrscheinlich müssen sie dafür jemand vom Nordpol holen ..."

Völlig egal

„Ihr macht wohl auch gerade Mittagspause?", fragt Schwester Michaela, die Stationsleiterin, ironisch, als sie ihren Kontrollgang über die Station macht. „Nein, nein!", antworten die Schwestern. „Wir überlegen gerade, welchen Prüfungspatienten wir nehmen. Unsere Schwesternschülerin hat ihre praktische Prüfung ..." – „Ist völlig egal", antwortet Schwester Michaela ungerührt, „sie bleibt sowieso nicht bei uns!".

Das muss ich mir erklären lassen. Auch wenn ich gerade dabei bin, den Salat anzumischen. „Wieso war das Michaela egal?" frage ich Barbara. „Tja, das heißt, die Schülerin muss nicht zeigen, was sie kann, da sie ja sowieso die Station verlässt." – „Ist sie denn eine gute Schülerin? Werdet ihr sie vermissen?" – „Ja, sie ist eine wirklich gute Schülerin! Schade, dass sie nicht bleiben wird!" – „Dann hat sie doch eine faire Prüfung verdient!", meine ich und bin verblüfft, dass Auszubildende wie ein Stück Ware gesehen werden.

Minusstunden und Ist-Zustand

Barbara kommt nach dem Urlaub Mitte August zurück auf ihre Station. Der Anfang ist immer schwer, man kennt noch keine Patienten, ist vielleicht auch noch im „Urlaubsmodus" und soll jetzt von 0 auf 100 wieder präsent sein. Zudem ist man in den Ferienzeiten oft dünn besetzt. Doch nach dem ersten Dienst die große Überraschung, als sie nach Hause kommt: Nur etwa die halbe Station ist belegt, und die Patienten, die da sind, sind überwiegend „Selbstversorger". Es war also ungewöhnlich ruhig. Zeit auch mal für einen Schwatz mit Kolleginnen. Über Jahre hatte ich Barbara noch nie so entspannt von einem Dienst zurückkehren sehen. Doch die Freude hält nicht lange an. Die Stationsleitung entdeckt die mangelnde Auslastung und schon am nächsten Tag erhält Barbara die Nachricht, sie müsse den Rest der Woche nur fünf statt acht Stunden zur Arbeit kommen. Also täglich 3 Minusstunden! Dem Team wird keine Entspannung gegönnt.

Einerseits freue ich mich, als Barbara mir das erzählt, habe ich doch auch noch etwas Urlaub, aber ich weiß auch, dass die Minusstunden Barbara wieder auf die Füße fallen werden. „Hättest du dich denn nicht gegen die Anweisung wehren können? Du wirst da ja quasi in Kurzarbeit geschickt!", frage ich Barbara. Klare Antwort: „Nein!" Wenn sie sich weigern würde, so wurde ihr gesagt, suche man jemand auf einer anderen Station und sie müsse dann deren Stelle einnehmen. „Ein wenig fühlt man sich da schon wie ein Stück Ware. Wenn man nicht gebraucht wird, hat man eben zu gehen." Dazu passt dann gut die Aussage vom Pflegedienstleiter des Hauses zu einer Schwester, die nach jahrzehntelanger Arbeit auf ihrer Station inzwischen starke Rückenprobleme hat und mit entsprechenden Einschränkungen leben muss, sie solle sich doch überlegen, ob sie nicht kündigen wolle. Als diese Schwester auf ihre lange Zugehörigkeit verwies und was sie alles in dieser Zeit geleistet habe, wurde ihr gesagt: „Was zählt, ist der IST-Zustand".

Ein neuer Dienstplan

Immer am 15. des Monats gibt es den Dienstplan des Folgemonats. Keinen Tag früher. Auch keinen Monat früher.

Obwohl es so leicht wäre, das System einfach um einen Monat vorzuverlegen. Ist man im „Frei", schicken die Kolleginnen per What´s App den neuen Dienstplan weiter. So sind wir immer gut informiert, auch wenn Barbara gerade nicht auf Station ist. Doch heute kommt Barbara vom Spätdienst mit dem nagelneuen Dienstplan nach Hause.

„Jetzt iss erst mal was", sage ich zu ihr, „bevor du mir den neuen Dienstplan erklärst!" Doch Barbara sprudelt über. „Ich habe drei Nachtdienste, einen einzigen Frühdienst und ansonsten nur Spätdienste! Und weißt du warum?" Barbara blickt mich herausfordernd an. Ich weiß es natürlich nicht. Barbara eilt zur Toilette und ruft: „Ich erklär es dir gleich!" Sie kommt zurück und wedelt mit zwei Dienstplänen herum. Beim Dienstplan vom laufenden Monat steht sie an 10. Stelle. Beim neuen Plan ist sie fast Schlusslicht: Sie steht an der 18. Stelle. Die Stationsleitung hat offensichtlich eine neue Sortierung vorgenommen. Und die Kolleginnen haben schon ein klares Prinzip erkannt: Von oben her werden zunächst die Frühdienste verteilt. Für die auf der Liste unten stehenden Kolleginnen bleiben nur die Spätdienste übrig. „Das kann doch nicht sein", meine ich zu Barbara, „in Zeiten von Computerprogrammen müsste es doch spielend leicht sein, die Dienste gerecht zu verteilen

und zugleich die Wünsche gerecht zu berücksichtigen!" Offensichtlich ist es nicht so. Und etwas bange fragen wir uns, ob die Dienstplangestaltung in Zukunft immer so laufen wird. Nur Spät- und Nachtdienste? Unser soziales Leben käme völlig zum Erliegen.

Durchhaltevermögen

Noch nie habe ich Barbara so aufgebracht erlebt: „Ich schmeiße alles hin!" – „Ich kündige!" – „Lebe ich eben von Sozialhilfe!". Keine Besänftigung hilft, kein „aber übermorgen hast du doch frei und wir verbringen einen schönen Tag miteinander." Es war einfach ein schrecklicher Dienst, trotz „guter Besetzung". Keine Pause von 12 – 21:30 Uhr. Der Dienst wäre eigentlich um 20 Uhr zu Ende gewesen, doch Barbara hatte durcharbeiten müssen. Es ist Sonntagabend. Um 6 Uhr darf sie erneut antanzen.

Am nächsten Morgen, es ist nun Montag, fängt es wieder horrormäßig an. Eine Patientin ist gestorben und es ist unklar, wie lange sie schon tot ist. Barbara versucht zu reanimieren, während Kolleginnen weitere Hilfe holen. Später am Vormittag trifft Barbara ihre Stationsleitung. Schwester Michaela. Barbara erzählt ihr unverblümt von ihrem Ärger und dass es so nicht weiter gehen könne. Sie hätte schon an Kündigung gedacht. Eine Drohung, die bei ihr aber völlig ins Leere läuft. „Ja", gibt sie zur Antwort, „das kann ich mir vorstellen. Solche Augenblicke gibt es." – „Aber", fügt sie hinzu, „da fehlt es eben an Durchhaltevermögen!".

Ich kriege mich kaum ein, als mir Barbara davon erzählt. Beide müssen wir herzlich lachen: „Mangelndes Durchhaltevermögen?" Unglaublich! „Hast du das auch deinen Kolleginnen erzählt?", frage ich sie. „Bist du verrückt?", antwortet sie. „Die wären sofort auch auf ´180`, und damit wäre überhaupt nichts gewonnen."

Rückrufe

Unser Telefon zeigt – wie viele moderne Telefone auch – die Nummer des Anrufers an, wenn nicht eine Rufnummernunterdrückung aktiviert ist. Leicht kann ein entsprechender Rückruf getätigt werden. Barbara hatte mir zwar eingeschärft, auf die Endnummern ihrer Station zu achten, 6,1,5,3… und keinesfalls einen Rückruf zu starten, denn dann würde die Stationsleitung ja wissen, dass wir den versuchten Anruf auch bei Abwesenheit registrieren würden. Doch genau das passiert mir: Ich rufe dummerweise zurück, weil ich vermute, es sei etwas Dienstliches von mir. Prompt ist Schwester Michaela, die Stationsleitung, am Apparat. Ich druckse herum und zum Glück hat sich das Anliegen von Schwester Michaela schon erledigt.

Es dauert ein paar Tage, bis ich mir traue, meinen Fauxpas zu gestehen: „Duuuu", fange ich an, „ich muss dir da was gestehen". „Mir ist da etwas Peinliches passiert …" Beide hoffen wir nun, dass Schwester Michaela das wieder vergessen hat. Immerhin, ich würde schätzen, dass Barbara zu 90 % an das Telefon geht, wenn ihre Station anruft. Und dass sie meistens bereit ist, einzuspringen, wenn „Not am Mann" ist.

Fassungslos

Es ist Ostermontag. Barbara hat Frühdienst. Drei Kolleginnen der Station sind krank, eine vierte musste während des Frühdienstes vorzeitig gehen. Sie war schon mit Fieber gekommen. Barbara schafft die anstehenden Aufgaben nicht und muss noch eine Stunde länger im Dienst bleiben. Immerhin, selbst der Oberarzt und Chefarzt sind für eine Schließung der Station oder wenigstens für eine vorübergehende Reduzierung der Betten.

„Und", frage ich Barbara, während ich ein Osterei schäle, „konntet Ihr euch mit dem Wunsch durchsetzen?" – „Tja", antwortet sie, „das wäre wirklich ein Ostergeschenk gewesen! Aber", fährt sie fort, „es ist wie immer, die Pflegedienstleitung und Geschäftsführung sieht das anders." Und sie zitiert den Kommentar aus der Chefetage des Hauses: „Bei Ihnen sind so viele krank, weil es in Ihrem Team nicht stimmt!" Was für eine ungeheuerliche Aussage! „Wir sind alle fassungslos!", fasst Barbara die Stimmung auf Station zusammen.

Wochenenddienste

Barbara kommt am Donnerstag zum Spätdienst. Alle sind gerade vertieft in den Dienstplan. „Oh, Barbara, hättest du nicht Lust, am Wochenende zu arbeiten?" – „Na, Lust gerade nicht, aber wenn es sein muss…", gibt sie zur Antwort. Dummerweise ist sie auf die Frage nicht vorbereitet und hat keine passende Ausrede zur Hand. Doch der Kelch geht an ihr vorüber. Schwester Michaela, die Stationsleitung, entdeckt, dass sie Schwester Jutta im März mit 16 Minusstunden verplant hat. Im Augenblick hat sie 8 Tage dienstfrei. „Was habe ich denn da gemacht? Die ruf ich gleich an, ob sie arbeiten kann!" Schwester Michaela erreicht Schwester

Jutta zunächst nur über den Anrufbeantworter. Aber es klappt. Barbara ist froh, am Wochenende soll das Wetter ausgesprochen schön werden.

„Arme Jutta!", kommentiert Barbara die Dienstplanänderung. „Sie muss nun mitten im Frei das Wochenende übernehmen!" – „Naja," meine ich, „Du hast ja auch schon oft ran müssen. Vielleicht sollten wir uns für das nächste Mal gleich ein paar super einleuchtende Ausreden einfallen lassen!"

Günstige Momente für Urlaubswünsche

Eine Kollegin hat zum Jahreswechsel eine ganz nette, spontane Einladung zu einer Reise nach Neuseeland erhalten. Sie soll eine Bekannte auf der Reise begleiten, die für die Reisebegleitung alle Kosten übernehmen würde. Eigentlich ein Traum. Doch wird sie die bei allen begehrten Tage zum Jahreswechsel frei bekommen? Die Kolleginnen ermutigen sie: „Klar!", sagen sie, „da kann unsere Stationsleitung, Schwester Michaela, nicht 'Nein' sagen!" – „Ja", erwidert die Schwester, sie wolle schon seit zwei Wochen Schwester Michaela darauf ansprechen. Aber sie müsse dazu einen

„günstigen Moment" abpassen. Doch in 14 Tagen hätte es noch nicht einmal einen „günstigen Moment" gegeben!

4. Kapitel: Fortbildungen

Es gibt sie natürlich, die „Pflichtunterweisungen" und die Fortbildungen. Die Themenpalette reicht vom Datenschutz und Brandschutz über Unfallverhütung bis hin zu Hygiene und Notfallmanagement. Auch Rückenschulungen gehören zum Pflichtprogramm. Grundlage dafür sind eine Reihe von Verordnungen und Gesetzen. Da gibt es z.B. eine „Lastenhandhabungsverordnung" oder eine „Hygieneverordnung". Oder ganz allgemein natürlich das Arbeitsschutzgesetz. Mal jährlich, mal alle drei Jahre sollen die verschiedenen „Unterweisungen" besucht werden. Die Themen „Arbeitssicherheit, Gefahrstoffe, Brandschutz, Hygiene" werden sinnvollerweise gleich in eine einzige Unterweisung gepackt. Dazu trifft man sich im Auditorium oder im Speisesaal. Die Schwierigkeit: Entweder finden die Veranstaltungen unmittelbar im Anschluss an den Frühdienst statt, wenn man wirklich „platt" ist, oder am Vormittag vor Beginn des Spätdienstes. Auch da wird das dann ein langer Tag. Manchmal bleibt der Küchentisch bei mir leer, weil Barbara kurzfristig nach dem Frühdienst noch eine „Pflichtunterweisung" besuchen musste. Viel seltener finden „Fortbildungen" statt. Und man muss schon Geduld aufbringen, um sich zu manchen Fortbildungen anmelden zu dürfen. Schließlich kostet das Geld und Arbeitszeit. Wirklich schwer nachvollziehbar ist allerdings, wenn zum Beispiel der Wunsch nach Fort- und Weiterbildung für eine bestimmte Fachrichtung über Jahre von der Hausleitung ignoriert wird. Erst bei der „Frustkündigung", weil man immer vertröstet worden war, wird auf einmal die gewünschte Fortbildung in Aussicht gestellt. Aber da ist es dann zu spät. Und man muss sich als Kollegin mal wieder fragen, warum das Haus auf so motivierte Mitarbeiterinnen einfach verzichtet. Als bräuchte man sie nicht und als seien sie beliebig ersetzbar. Wenn es dann doch gelingt, mal eine Fortbildung zu besuchen, dann ist eine der überraschenden Erfahrungen – je nach den Fortbildungsmethoden –, dass eine Krankenschwester kaum noch über Stunden auf einem Platz zu sitzen vermag. Nur sitzen und zuhören: Das ist ganz schön herausfordernd für jemanden, der die ganze Schicht nur umher rennen muss. Da ist eine Brandschutzunterweisung natürlich ein Highlight, wo man mit einem echten Feuerlöscher herum spritzen darf.

Brandschutzübungen

Barbara kommt vom Frühdienst nach Hause. Sie nimmt Messer und Gabel herausfordernd in die Hände und fragt mich lachend: „Weißt du, wo ich am 24. Mai hin darf? Du wirst nicht darauf kommen!" Vor meinem inneren Auge lese ich schon die Frage in 'Quizduell': Welches sind die häufigsten Veranstaltungen für examinierte Krankenschwestern? Betriebsausflüge? Stationsfeten? Demos für bessere Arbeitsbedingungen? Mitarbeiterversammlungen? Aber ich ahne es schon, der Tonfall von Barbara hat es verraten: Eine Brandschutzübung! 100 Punkte! Die letzte war erst vor einem halben Jahr gewesen. Unzählige Brandschutzübungen hat Barbara inzwischen in ihrem Berufsleben besucht. Ich bin ganz neidisch, arbeite ich doch in verschiedenen Einrichtungen und habe bislang nur einen Probe- Feueralarm in einer Schule miterleben dürfen.

Externe Fortbildungen

Wirklich sehr nett, wenn der Pflegedienstleiter des Krankenhauses den Hinweis auf eine externe Fortbildung bekannt machen lässt. Barbara hat auch nach Jahren, die sie nun auf dieser Station arbeitet, noch keine externe Fortbildung besuchen dürfen. Doch jetzt, in wenigen Wochen, könnte sie nach Frankfurt. Kostenpunkt: 90 € plus Fahrtkosten plus ein Arbeitstag, der für die Fortbildung dienstfrei wäre. Insgesamt haben sich aus dem Haus drei Schwestern dazu angemeldet. Doch die Genehmigung lässt auf sich warten. Und nebenbei lässt der Pflegedienstleiter durchklingen, dass man mal wieder knapp bei Kasse sei. Zwei Wochen vor der Fortbildung immer noch kein „Ja" oder „Nein". Es entsteht der Verdacht, die Fortbildung sei zwar bekannt gegeben worden, aber insgeheim hätte die Krankenhausleitung gehofft, dass sich niemand dazu anmelden würde. So könnte man im Jahresbericht zwar erwähnen, welche Fortbildungsangebote gemacht worden seien, aber leider habe sich eben niemand dazu angemeldet. Die Spannung auch bei uns zuhause steigt: Darf Barbara dienstlich nach Frankfurt oder nicht? Vier Tage vor der Fortbildung erhält sie einen Anruf von Schwester Michaela, der Stationsleitung. Sie darf auf die Fortbildung gehen.

„Whow, Glückwunsch!" sage ich zu Barbara, als sie mir davon berichtet. „Dann brauche ich am Dienstag ja nicht zu kochen!" – „Ja, jetzt warte erst mal!" lautet die Antwort. „Die Übernahme der Kosten wurde jetzt zwar genehmigt, aber es gibt keine Dienstbefreiung dafür." Barbara wäre an diesem Tag insgesamt zwölf Stunden unterwegs,

*wäre aber mit der Dienstbefreiung für einen Arbeitstag zu-
frieden. In den letzten zweieinhalb Jahren hatte sie noch keinen einzigen Fortbildungstag in Anspruch nehmen können.
„Und", frage ich sie, „hast du Schwester Michaela dein Ein-
verständnis gegeben?" – „Ich werde wohl fahren", meint sie
etwas resigniert, „aber es klingt wie eine Erpressung: Man
hat einfach den Eindruck, die Krankenhausleitung will sich
das Geld sparen." Der Eindruck ist nicht ganz unberechtigt.
Im Haus hatten sich drei Schwestern angemeldet. Aber nur
zwei Schwestern war diese Variante der „Genehmigung" er-
teilt worden ...*

Eine Fortbildung zum Thema Norovirus

Wie verhalten wir uns als Schwestern bei Patienten mit
Norovirus? Eine aktuell angesetzte Fortbildung will Antworten auf diese brennende Frage geben. Die Patienten sollen
isoliert werden. Kommen die Schwestern mit ihnen in Be-
rührung, sollen die Schwestern Handschuhe, Kittel und
Mundschutz im Müllbehälter entsorgen. In der Alltagspraxis
sieht das dann aber so aus: Es gibt in den Patientenzimmern
nur uralte Vorkriegsmüllbehälter, die mit einer Kunststoff-
platte lose abgedeckt sind.

Barbara sieht mich herausfordernd an, als sie mir davon beim Essen erzählt. Heute gibt es Matjesfilets, in Quark eingelegt, dazu Kartoffeln. „Gehen wir doch mal die Möglichkeiten durch", meint sie schnippisch. „Möglichkeit 1: Mit den kontaminierten Handschuhen lege ich den Deckel weg. Aber wohin? Klamotten in den Mülleimer, mit den jetzt ungeschützten Händen Deckel wieder auflegen. Und schon habe ich auch den Norovirus. Möglichkeit 2: Ich lasse die Handschuhe an. Mit diesen kontaminierten Handschuhen löse ich den Mundschutz und ziehe den Kittel aus. Ich setze mit den Handschuhen den Deckel wieder auf. Die Handschuhe entsorge ich anschließend separat. Funktioniert aber leider auch nicht." Ich muss lachen. „Kann euch bei einer Fortbildung da wirklich niemand weiter helfen, wie ihr das lösen könnt?", frage ich sie. „Es interessiert einfach kein Schwein. Ein stinknormales Mülldeckelsystem, wie es in jedem Privathaushalt oft mehrfach vorhanden ist, ist dem Haus zu teuer. Wir haben sogar noch offene Mülleimer. Kürzlich ist das auch der Hygieneschwester aufgefallen und sie hat angeordnet, jeden Müll sofort zu entsorgen. Beutel zu und weg damit. Ich glaube, ich bräuchte am Tag bei meiner Arbeit hunderte von Müllbeuteln, wenn ich diese Anweisung befolgen würde!"

Fortbildung zum Thema „Notfall"

Schwestern auf einer Inneren Station sind keine Rettungssanitäterinnen. Was tun bei einem Notfall? Bei Herzstillstand? Zum Glück gibt es Alarmknöpfe, die man drücken kann, trotzdem, eine Fortbildung zum Thema „Notfälle" wäre nicht schlecht. Es gab schon unzählige Fortbildungen zum Thema „Brandschutz", doch „Notfälle" scheinen nicht so dringlich zu sein. Die Station hat zwar mehrere Male eine Fortbildung dieser Art angemahnt, doch passiert ist bislang nichts.

„Habt Ihr denn keine Mitarbeitergespräche, wo Ihr so ein Anliegen vorbringen könnt?", frage ich Barbara, als wir auf dieses Thema zu sprechen kommen. „Na ja", antwortet mir Barbara, „ein Gespräch gibt es eigentlich nur nach dem Ende der Probezeit." – „Immerhin, Schwester Renate, die stellvertretende Pflegedienstleiterin, hat zugegeben, dass die letzte Fortbildung zum Thema 'Notfall' Jahre zurück liege. Sie hat uns versprochen, sich darum zu kümmern, aber gehört habe ich bislang nichts." – „Na", meine ich väterlich, „dann kann man euch eigentlich nur wünschen, dass kein 'Notfall' eintritt!"

5. Kapitel: Das Krankenhaus als Unternehmen

Bei einem über 400-Betten-Haus mit unzähligen Mitarbeiterinnen und Mitarbeitern und einem sich ständig verändernden Unternehmensgefüge ist es nicht immer leicht, sich mit dem Krankenhaus als Unternehmen zu identifizieren. Viele Prozesse bleiben undurchsichtig, auch wenn es hausinterne Infoblätter gibt, Patientenmagazine, einen Betriebsrat und die „Unternehmenskommunikation" durchaus groß geschrieben wird. Einen ersten, recht umfassenden Eindruck kann man sich auf der Website des Krankenhauses verschaffen. Dort finden sich auch über 100-seitige „Qualitätsberichte", die einen recht umfangreichen Einblick geben. Immerhin, der gute Wille ist da, eine „ganzheitliche Versorgung" zu garantieren, verbunden mit dem Wunsch, sich gut und sicher in diesem Krankenhaus aufgehoben zu fühlen. Klar, dass das Krankenhaus nichts darüber schreiben wird, wie es dem Ziel näher kommen möchte, schwarze Zahlen zu schreiben. Und bei aller Kritik: Auch das Krankenhaus ist den Launen der Politik und der Krankenkassen unterworfen. Planungen müssen wieder über Bord geworfen werden, weil sich Abrechnungssysteme geändert haben, Investitionen müssen abgewogen werden, weil sich Geldgeber zurückhalten und ihren eigenen Blick dafür haben, was notwendig ist und was nicht. Sicherlich darf ein Krankenhaus als Unternehmen auch nach der Loyalität seiner Mitarbeiterinnen und Mitarbeiter fragen, aber umgekehrt ist auch die Frage: Steht das Unternehmen denn auch hinter seinen Mitarbeiterinnen und Mitarbeitern? Und da fangen die Schwierigkeiten schon an. Viele Beschwerden von Patienten, die an das Unternehmen gerichtet werden, führen nicht dazu, den Rücken der Schwestern zu stärken. Auch wenn diese Beschwerden haltlos und oft einfach nur böswillig sind. Und was ist davon zu halten, wenn einer Schwester im Gespräch mit der Personalleitung des Hauses nach einer Burn-out-Phase gesagt wird: „Sie als Krankenschwestern haben einfach zu hohe Ideale! Sie haben noch nicht begriffen, dass die Patienten abgearbeitet werden müssen!" Abarbeiten? Wie in einer Autowerkstatt? Das kann eigentlich nicht ernst gemeint sein. Und doch scheint es zuweilen die Perspektive aus Leitungsebene zu sein. Wollen wir also dem Krankenhaus als Unternehmen wünschen, die selbst formulierten „hohen Ideale" auf allen Ebenen entweder anzustreben oder aber so ehrlich zu sein, sie aus dem Leitbild des Unternehmens zu streichen.

Das Krankenhaus wird zur Marke

Nach drei Frühdiensten darf Barbara noch etwas länger im Haus bleiben, um an einer Fortbildung teilzunehmen, auf der das Krankenhaus als neue „Marke" vorgestellt werden soll. Krankenhaus klingt auf Dauer zu einfach. Aus dem Komplex soll eine echte, unverwechselbare Marke werden. Nennen wir die neue Marke einfach mal „Klinik-Quartier X" (X = Name der Stadt). Nach jahrelanger Vorarbeit einer Arbeitsgruppe wird dieses Ergebnis nun vorgestellt. Und daran sollen wirklich alle Mitarbeiterinnen und Mitarbeiter des Hauses teilnehmen. Zehn Fortbildungstermine sind angesetzt, es gibt also kein Entrinnen. Die persönliche Unterschrift auf der Teilnehmerliste darf keinesfalls fehlen.

Zunächst wird erklärt, was überhaupt eine „Marke" ist. „Was fällt Ihnen ein zum Thema Marke?" werden die überwiegend weiblichen Zuhörerinnen gefragt. „Tempo!", antwortet eine Krankenschwester. Oder noch besser: „IKEA!". Da wird das Gebäude auch erkannt, wenn der Markenname fehlt. „Ja", meint der Referent, „die Marke soll sich abheben von den anderen Häusern". Die Hauptbotschaft, die transportiert werden soll, lautet: „Mehr an Sicherheit!". Aber, um Himmels willen, das darf so natürlich nicht kommuniziert werden. Diese Botschaft soll sich durch das eigene Verhalten und natürlich durch das Erscheinungsbild nach außen manifestieren. Dazu braucht es eben einen neuen Namen und ein neues Logo. Und natürlich: neue Farben! Jetzt dürfen Sie, liebe Leserin, lieber Leser, mal raten, welche Farben da entdeckt wurden. Schwarz ist dabei, aber auch ein feines Silber. Äußerst seriöse Farben, die sofort Sicherheit und Verlässlichkeit vermitteln. Möglicherweise kamen die Markenberater aus der Autoindustrie, aber der Verdacht dürfte eher unbegründet sein. Jetzt sollen sich die Mitarbeiterinnen in den Abteilungen Gedanken dazu machen, wie das alles umgesetzt werden kann. Was mag wohl dieser ganze Prozess hin zur „Marke" gekostet haben?

Frühdienst und Fortbildung: Das bedeutet für mich, dass ich mit dem Mittagessen nicht mehr warten kann. Ich habe mich schon gestärkt, aber Barbara eine Portion aufgehoben. Barbara ist etwas geladen, als sie nach Hause kommt, aber wohl mehr deshalb, weil sie einfach Hunger hat, als wegen der sehr reizenden Fortbildung zum Thema Marke. Auch aus meiner „Firma" kenne ich das ja: Es muss eine „Corporate Identity" geschaffen werden, mit der sich möglichst alle Mitarbeiterinnen und Mitarbeiter identifizieren sollten. Dann gibt es aber doch einen Aspekt, der Barbara auf die Palme bringt: Allein als Nachtschwester mit 38 Betten – wie soll sie da „Sicherheit" ausstrahlen? Oder die

Tatsache, dass die „Nasszelle" so eng ist, dass man nur mit größter Mühe mit einem Rollstuhl oder Nachtstuhl hinein kommt. Sollte – was natürlich nie vorkommt – jemand mal umkippen, lässt sich die Türe, die nach innen geht, praktischerweise nicht mehr öffnen. Über die Bettgitter ganz zu schweigen ... Ich frage Barbara, warum es eigentlich eine „Marke" brauche, das Krankenhaus sei doch in weiterem Umkreis das einzige Krankenhaus, von welchem anderen Krankenhaus müsse man sich also unterscheiden und abgrenzen? Barbara vermag das auch nicht zu beantworten, vor allem nachdem absehbar ist, dass alle umliegenden kleineren Häuser in nächster Zeit „zugekauft" werden sollen. Immerhin hatte sich eine Mitarbeiterin in großer Runde getraut zu fragen, wie man den Anspruch gewährleisten solle, wenn kein Bett frei sei und der Patient stundenlang auf ein freies Bett warten müsse in Vorbereitung auf eine OP? Die Antwort kam aalglatt: „Ja, das Problem kennen wir, aber das tut jetzt nichts zur Sache".

Das Krankenhaus lässt sich zertifizieren 1

Seit Jahren gibt es einen Föhn für Patienten, die danach fragen. Ein schwerkranker, junger, netter Patient erkundigt sich bei Schwester Miriam nach einem Föhn und erhält die

Auskunft, dass es einen gebe. Mit nassen Haaren kommt er aus der Dusche, doch Barbara muss ihre ahnungslose Mitschwester darüber aufklären, dass es ab sofort keinen Föhn mehr gebe. Man habe den Föhn weggenommen, da sich durch die Zertifizierung herausgestellt habe, dass der Föhn kein TÜV-Siegel trage. Kein Wunder, dass die Zertifizierung diese Schwachstelle aufgedeckt hatte: Sie wurde durchgeführt durch den TÜV. Schwester Miriam muss dem Patienten die schlechte Nachricht überbringen. „Leider haben wir keinen mehr", teilt sie kleinlaut dem Patienten mit. „Warum?" fragt er zurück. „Durch die Zertifizierung gibt es neue Vorschriften", antwortet sie wahrheitsgemäß. „Oh, mein Gott, fängt der Mist bei Ihnen jetzt auch an?" gibt er entsetzt zur Antwort. Er arbeitet in einem großen Maschinenwerk und hat offensichtlich keine guten Erfahrungen mit der Zertifizierung in seiner Firma gemacht.

„So ein Blödsinn", bestätigt auch Barbara die Folgen der Zertifizierung. „Ab jetzt muss z. B täglich die Kühlschranktemperatur der beiden Kühlschränke gemessen werden. Sie darf 7⁰ C nicht überschreiten. Wie bei einem Patienten muss die gemessene Temperatur ständig dokumentiert werden." Ich verschlucke mich fast am Essen, als mir Barbara das erzählt. Ich stelle mir vor, wie Barbara beruhigend auf den Kühlschrank zugeht: „Keine Sorge, mein Cooler, ich

muss nur mal deine Körpertemperatur messen." Ich frage Barbara, ob ihre Kühlschränke denn nicht die Qualitätskontrolle des TÜV überstanden hätten. Sie seien doch auch zertifiziert und für den Markt zugelassen. *„Traut der TÜV hierzulande etwa nicht dem TÜV Rheinland?"* Ich rechne Barbara vor, dass die Lebensdauer eines Kühlschranks etwa 20 Jahre betrage. Rein rechnerisch müsse eine Krankenschwester jetzt etwa 6 Arbeitswochen in diesen 20 Jahren aufbringen, um die tägliche Kühlschranktemperatur zu dokumentieren. Das heißt, es ginge ja vermutlich nur darum, den Augenblick abzupassen, wo der Kühlschrank aussteige. *„Ist es da nicht sinnvoller, die Kühlschränke turnusgemäß alle 15 Jahre auszutauschen?"* – *„Tja",* brummelt Barbara, *„das kannst du ja mal dem Geschäftsführer unseres Krankenhauses vorrechnen! Ich warte eigentlich noch auf den Tag, wo wir auch auf unserer Arbeitskleidung das TÜV-Siegel tragen! Zertifizierte Krankenschwester mit 37⁰ C Körpertemperatur!"*

Das Krankenhaus lässt sich zertifizieren 2

Im Zuge der Zertifizierung wurde auch die Mikrowelle der Station beschlagnahmt. Macht aber nichts, da mit der

Zertifizierung das Aufwärmen von Essen für Patienten sowieso als nicht zulässig erklärt wurde.

Als mir Barbara davon berichtet, stelle ich mir die „Entsorger" vom TÜV vor, wie sie mit Gummihandschuhen und Atemschutz über die Station gehen, Mikrowellen demontieren und als Gefahrengut abtransportieren. Ob es noch weitere „unzulässige" Gegenstände auf Station geben wird? Doch Barbara winkt ab. Außer dass Schließzylinder nun durch Transponder ersetzt worden seien, sei eigentlich nichts Schlimmes passiert. „Manche Schwestern kommen jetzt zwar nicht mehr an die Schränke, manche auch nicht mehr in das Dienstzimmer (!), aber sie haben ja jetzt auch genug zu tun mit der Messung der Kühlschranktemperatur", fügt sie etwas sarkastisch hinzu.

Der Transponder

Die Zertifizierung brachte auch einen neuen Sicherheitscheck mit sich. So wurde eingeführt, dass das Arztzimmer automatisch schließt und sich nur mit einem Transponder öffnen lässt, den wiederum nur der Arzt hat. Zudem wurde auch das Dienstzimmer verriegelt (siehe vorgehende Geschichte). Man war aber realistisch genug, das Dienstzimmer nur für die Nachtstunden automatisch sperren zu lassen. Aber: Für die Automatik der Tür beginnt die Nacht um 21 Uhr. Der Spätdienst endet jedoch erst um 21:30 Uhr. Theoretisch sind da noch bis zu fünf Leute im Dienst. Es gibt pro Station aber nur zwei Transponder zum Öffnen der Tür. Für eine halbe Stunde schließt man sich also gegenseitig aus. Eine Warnung erging schon an die Station: keine Tricks! Nichts in den Türrahmen klemmen! Das löse Fehlermeldungen aus.

„Und", frage ich neugierig, „wie habt Ihr das Problem gelöst?" Praktisch, wie die Schwestern veranlagt sind, antwortet mir Barbara: „Wir haben ein zufällig herumliegendes Handtuch um die Türgriffe geschlungen, damit die Türe nicht ins Schloss fallen kann. Wenigsten für eine halbe Stunde, von 21 Uhr bis 21:30 Uhr...".

Krankenhausplanungen

Wir sitzen in einem Garten, weit weg von Barbaras Krankenhaus bei guten, alten Freunden. Es wird gegrillt, es duftet nach Rostbratwürsten und Rostbräteln. Wir sind irgendwo in Thüringen. Andreas ist auch da. Er hat als Bauingenieur schon mehrere Krankenhäuser geplant. Barbara fragt ihn, welche Fußböden bei der Planung verwendet werden würden. Andreas erstaunt diese Frage, denn noch niemand hat sie ihm bei all seinen Planungen gestellt. „Na ja", meint er, „Kautschukböden". Das habe der Chef bei der letzten Planung haben wollen, da diese Böden langlebiger seien, auch wenn sie etwas teurer seien. Barbara erzählt, dass sie im Krankenhaus Böden aus zwei Perioden hätten, und dass sich bei dem einen Bodenbelag die Betten nur sehr schwer schieben lassen würden. Es sei ein sehr großer Unterschied, ob der Boden etwas weicher oder härter sei. Entsprechend stark verändere sich der Rollwiderstand. Andreas schüttelt nochmals verblüfft den Kopf: Dass ihn das bislang noch niemand gefragt hätte, auch niemand von der Pflegedienstleitung – er kann es nicht fassen.

„Willst du denn nicht bei Andreas im Büro anfangen, Krankenhäuser zu planen?" fragen wir spaßeshalber Barbara, die aber abwinkt. „Nein, nein, das wäre nichts für mich. Und einer meiner Brüder ist schon Architekt. Da muss ich nicht auch noch in die gleiche Richtung gehen. Aber natürlich wundern wir uns immer wieder, wer da so manches im Haus geplant hat! Sollten sie mal uns Schwestern fragen!"

Belegungsstatistik

Wenn die dünne Personaldecke gegenüber der Pflege-
leitung beklagt wird, bekommen die Schwestern immer wieder zu hören: „Was wollt ihr? Ihr habt doch nur eine 75- bis
80%-prozentige Belegung auf der Station!" Doch wie
kommt so eine Statistik zustande? Erfasst wird der Stand der
Belegung um Mitternacht. Viele Patienten werden aber erst
gegen Abend entlassen. Neuaufnahmen finden meistens am
Morgen statt. Wenn also ein Bett in einer Nacht nicht belegt
war, so war es doch nicht „frei". Dies taucht so aber nicht in
der Statistik auf.

*„Das verstehe ich jetzt aber nicht!", gestehe ich Bar-
bara ein, als sie mir das zu erklären versucht. „Dem Krankenhaus müsste doch eigentlich daran gelegen sein, eine
möglichst hohe Belegung nach außen zu präsentieren." –
„Ich weiß auch nicht, warum das seit Jahren so üblich zu
sein scheint.", antwortet mir Barbara. „Wie gesagt, als Ar-
gument gegenüber uns Schwestern ist die Statistik ja hilf-
reich." – „Und wie haben sie es an deiner alten Stelle geschafft, mal eine Belegungsstatistik von 106% vorzuwei-
sen?" frage ich hartnäckig nach. „Ja", antwortet sie mir,
„da wurden aus Zweibettzimmern Dreibettzimmer gemacht
und aus Dreibettzimmern Vierbettzimmer. Auch wenn es für*

die zusätzlichen Betten keine Nachtschränkchen gab und auch keine zusätzlichen Schrankfächer. Aber das war dann natürlich schon ein Spitzenwert!"

Auf der schlimmsten Station des Krankenhauses

Wir singen in einem Chor, können aber nicht immer dabei sein, da es nicht möglich ist, sich den Abend regelmäßig dienstfrei zu halten. Nach der Probe steht man zusammen und unterhält sich über dies und das. „Ich habe gehört", sagt eine Sängerin aus dem ´Alt` zu Barbara, „dass du auf der schlimmsten Station im ganzen Krankenhaus arbeitest!" – „Von wem hast du denn das gehört?", fragt Barbara unbeeindruckt zurück. – „Von Vanessa". Vanessa ist eine Krankenpflegeschülerin im ersten Jahr, die schon mehrere Stationen durchlaufen hat. Unter den Schülerinnen sprechen sich solche Gerüchte natürlich schnell herum. Barbara wird von ihren Mitsängerinnen bemitleidet und gefragt, wie sie das überhaupt so lange schon aushalte.

„Oh", meine ich zu ihr, als wir wieder zuhause sind und noch ein Glas Wein miteinander trinken, „ist der Ruf erst ruiniert, lebt es sich recht ungeniert!" – „Ja", frotzelt Bar-

bara zurück, „kürzlich haben wir im Team auch darüber sinniert und sind auf die Idee gekommen, uns einfach auf den Bauch zu pinseln, dass man ja nicht zu uns auf Station kommen solle!“

6. Kapitel: Tod und Sterben

Es lässt sich nicht leugnen: Bei allem Bemühen um das Leben der Patienten sind auch die Möglichkeiten der Medizin begrenzt, und es bleibt nichts anderes übrig, als diese Grenzen zu akzeptieren und die Endlichkeit des Lebens anzunehmen. Barbara wird mit dem Thema Tod und Sterben wesentlich häufiger konfrontiert als Kolleginnen auf vielen anderen Stationen. Gut, wenn es da seelsorgerliche Angebote gibt, doch viele Patienten haben keine religiöse Bindung mehr. So werden die Schwestern und Ärzte selbst zu Seelsorgerinnen und Seelsorgern, ob gewollt oder ungewollt. Im Stationsalltag bleibt allerdings wenig Zeit für seelsorgerliche Gespräche. Und leider auch nur wenig Zeit, um die Hand von sterbenden Patienten zu halten. Ein Krankenhaus ist kein Hospiz. Und sicherlich kein „schöner" Ort, um zu sterben. Umso wichtiger ist es, rechtzeitig in aller Ehrlichkeit mit den Patienten und ihren Angehörigen zu sprechen, die eine lebensbedrohliche Erkrankung haben. Doch genau das gehört leider oft nicht zu den Stärken eines Arztes. Er will Leben retten, erhalten, die Hoffnung auf Besserung wach halten, aber kein Sterbebegleiter sein. Und die Schwestern, die oft ein besseres Gefühl für die tatsächliche Situation eines Patienten haben, dürfen sich nicht einmischen. Diese Spannung ist manchmal fast nicht auszuhalten. Warum hat der behandelnde Arzt nicht abgeklärt, ob „PC" – „Palliativ Care" – angeraten ist? Warum werden Angehörige oft im Ungewissen gelassen, wo es doch so dringlich wäre, die wichtigsten Dinge noch zu klären, damit die Patienten in Frieden sterben können? Doch nicht nur Ärzte sind teilweise überfordert, auch die Angehörigen sind manchmal kaum zu ertragen. Jetzt muss auf einmal alles für die Oma, den Opa gemacht werden, und das Pflegepersonal kann nur noch springen. Trotzdem, auch in diesen Prozessen gibt es berührende Momente, in denen die Zeit still zu stehen scheint, Augenblicke, die eine Ewigkeit dauern und wo man den Atem anhält. Schwestern und Ärzte werden da zu Engeln für die Sterbenden, und auf einmal ist es überhaupt nicht wichtig, wo man sich befindet. Man befindet sich mitten im Leben und spricht ein Dankgebet, wenn ein Mensch gehen durfte und jetzt seinen Weg in einer anderen Welt fortsetzen darf.

Ein tragischer Fall

Ein 53-jähriger Patient mit Leberkrebs wird mit Fieber ins Krankenhaus eingeliefert. Es geht ihm Woche für Woche schlechter. Er hat kaum Angehörige und konnte nur noch einmal nach Hause, um sein Aquarium zu versorgen. Kein Arzt, niemand sagt ihm, wie ernst es um ihn steht.

Heute nun musste er während der Chefarztvisite spucken. Er hatte Saft getrunken. Doch der Chefarzt sagt nur zu ihm: „Jetzt trinken Sie halt keinen Saft mehr! Gute Besserung!" Kein weiterer Hinweis zum eigentlichen, lebensbedrohenden Zustand des Patienten. Der Patient selbst scheint sich auch schon aufgegeben zu haben.

Es ist nicht das erste Mal, dass mir Barbara Geschichten dieser Art erzählt. Wieder diskutiere ich mit ihr am Essenstisch das Thema „Aufrichtigkeit von Ärzten gegenüber den Patienten". Barbara ist der Meinung, dass man diesen Patienten schon vor Wochen über seinen Zustand hätte aufklären müssen und ihm Hilfestellung bei der Frage hätte anbieten müssen: Was gibt es für alternative Möglichkeiten, beispielsweise ein Hospiz, die letzten Lebenswochen zu verbringen? Was hat der Patient noch Wichtiges zu klären, abzuschließen, und wie kann man ihm dabei helfen? Ich stimme ihr zu und wundere mich selbst, dass viele Ärzte bei einem so

*existenziellen Thema – dem des Umgangs mit dem Sterben –
so hilflos und ausweichend reagieren.*

Übersinnliches

Barbara hat Nachtdienst mit einer Schwesternschülerin. Ein junger, italienischer Patient kämpft seit Tagen mit dem Tod und ist sehr unruhig, obwohl eine Morphium-Schmerzpumpe angesetzt ist. Barbara hat das in dieser Länge – über Tage! – noch nie erlebt. Es ist ihre dritte und letzte Nacht. Etwa um fünf Uhr am Morgen, es ist inzwischen hell geworden, fällt den beiden im Zimmer des Patienten das grelle Neonröhrenlicht über dem Bett des Patienten auf. Wer könnte das angemacht haben? Der Patient mit hoher Wahrscheinlichkeit nicht. Sie möchten das Licht am Schalter ausschalten. Es lässt sich nicht ausschalten! Mehrmalige erfolglose Versuche. Dann klingelt es in eben diesem Zimmer, doch niemand hat die Klingel betätigt! Rund zehn Mal wiederholt sich das Spiel, schließlich ziehen die Schwestern den Stecker. Jetzt fängt das Licht heftig zu flackern an. Barbara hat das in dieser Weise noch nie gesehen. Sie zieht den Stecker zur Steckdosenleiste. Das Licht bleibt an. Inzwischen ist der Tagdienst da. Barbara und ihre Schülerin können das Problem nur übergeben.

„ Uns war es ganz anders", erzählt Barbara, nachdem sie sich über den Vormittag und Mittag ausgeschlafen hatte. Sie ist jetzt beim Frühstücken, ich bin beim Kaffee trinken. „Der Tod narrt uns, meinte meine Mitschwester Susi". Ich, der ich übersinnliche Phänomene auch schon erlebt habe, finde diese Story aber doch etwas krass. Doch Barbara sieht das anders: „Es war vielleicht ein Zeichen dafür, dass sich dieser Patient jetzt entscheiden muss. Warum ringt er so? Warum schafft er es nicht, sterben zu wollen?" Nachdenklich blicke ich hinaus in den Garten, wo Vögel auf den Ästen sitzen und ihre geheimnisvollen Lieder singen.

Sterben dürfen

Barbara hat drei Nachtdienste. Zu ihren Patientinnen gehört eine 90-jährige Omi, die bislang noch allein zuhause hatte leben können. Jetzt geht es ihr aber sehr schlecht, und die Frage steht im Raum, ob es tatsächlich sinnvoll ist, „alles" noch zu unternehmen, um sie am Leben zu erhalten. Die Angehörigen haben dazu eine klare Meinung: Natürlich müsse alles unternommen werden, um sie am Leben zu erhalten! Sie machen einen regelrechten Aufstand. Anfangs noch klar, war die Patientin auf einmal sehr verwirrt ab dem Moment, an dem sie erfuhr, dass sie nicht mehr nach Hause zurück könne und zur Tochter ziehen müsse. Immerhin hatte es der Oberarzt noch geschafft, in einem klaren Moment mit der Patientin über das Thema Sterben zu sprechen und hatte – nach ihrem Willen handelnd und in Absprache mit der Stationsärztin – „PC" angeordnet, das heißt „Palliativ Care". Also z. B. keine Reanimation im Fall der Fälle. Barbara ist dankbar für diese klare Anordnung, denn meistens geht es aus Vorsicht und Angst eher um den Willen der Angehörigen. Gegen 22 Uhr bekommt Barbara von einem der Söhne der Patientin einen Anruf. Er will wissen, ob er kommen solle, um bei der Mutter zu wachen. Sie hatte in dieser Nacht ein Einzelzimmer. Barbara ermutigt ihn, sagt ihm jedoch, dass er es selbst entscheiden müsse. Der Sohn kommt nicht. Nachts um drei Uhr kommt Barbara bei ihrem Rundgang zu ihr ins Zimmer, sie ist scheinbar gerade aufgewacht, erstaunlicherweise völlig klar und fragt verwundert, wo sie sei. Barbara erklärt ihr ihre Situation, worauf sie antwortet: „Die Augen zu und jetzt sterben dürfen … ach, das wäre schön!" Barbara beruhigt die Patientin, dreht sie und lässt sie weiter schlafen. Wäre jetzt der Sohn da gewesen, er hätte mir ihr ihr reden können.

„Bekommst du da nicht Gänsehaut, wenn so eine alte Omi zu dir so einen Satz sagt?", frage ich Barbara nach ihrem Nachtdienst und nachdem sie sich ausgeschlafen hat.

Nachdenklich sagt sie: „Ja, ich hatte in den Nächten einige ganz berührende Begegnungen mit ihr. Mal ein überschwängliches 'Sich-Bedanken`, mal ein Nehmen der Hand mit einem Kuss. Ich habe mich jedes Mal gefragt, was sie wohl für ein Mensch gewesen war. Sicherlich eine ganz tolle „Babuschka" (es war eine Russlanddeutsche), herzig, bodenständig, direkt und warmherzig. Warum nur wollte sie partout nicht bei ihrer Tochter wohnen?"

Zurückweisung

Barbara kommt erschüttert nach Hause. Wieder eine Patientin, eine junge Mutter, die an Brustkrebs erkrankt ist und es wohl nicht schaffen wird: Krebs im Endstadium. Barbara wundert sich, warum die Patientin bei ihnen auf der Station gelandet ist, gibt es doch ein eigenes Brustkrebszentrum im Haus. Doch dann erfährt sie, dass der zuständige Arzt die Patientin abgewiesen hatte, weil sie sich als Patientin zuvor dort nicht habe behandeln lassen.

„Das sind doch echt Schnösel, diese Ärzte!", bin ich ebenso betroffen wie Barbara, also sie mir davon erzählt. Richtig Hunger hat sie heute nicht. „Das ist doch wirklich

unglaublich!", lege ich nochmals nach, und Barbara ant-
wortet nachdenklich: „Ja, es ist wirklich unfassbar und die
Frage nach dem Ethos dieses Arztes ist auf jeden Fall be-
rechtigt!"

Ich sterbe

Der Krankenhausseelsorger macht seine Runde. Barbara
begegnet ihm zufällig und es gibt einen kleinen Smalltalk. Er
möchte eine Patientin besuchen, die mit 78 Jahren zur Untersuchung gekommen war. Nachdem der Krankenhausseelsorger gegangen ist, bricht diese Patientin in Tränen aus und
ruft: „Ich sterbe!" Da sie wirklich nicht sterbenskrank ist, im
Gegenteil, der behandelnde Arzt hatte nichts Akutes bei ihr
feststellen können, beruhigt sie Barbara und sagt ehrlich zu
ihr, dass sie nicht glaube, dass sie sterben müsse. „Woher
wissen Sie das?" fragt sie, „der Pfarrer war eben auch schon
da!" – „Wir müssen alle mal sterben, aber heute sterben Sie
nicht!" antwortet Barbara. „Rufen Sie meinen Sohn an!", bittet die Patientin. Barbara geht zum Stationsarzt: „Sag mal,
hast du dieser Patientin gesagt, dass sie sterben müsse?" Er
ist völlig außer sich und explodiert fast: „Sie hat nichts! Sie
hat nur Wahnvorstellungen! Morgen kommt der Psycho-
loge!" Barbara ruft daraufhin den Sohn nicht an. Er wollte

sowieso vorbei schauen. Später fragt die Patientin Barbara: „Haben Sie meinen Sohn angerufen?" Sie antwortet ehrlich: „Nein, aber er kommt heute Abend sowieso zu Ihnen!" Die Patientin akzeptiert die Antwort. Sie hat sich offensichtlich beruhigt.

Ich frage einige Tage später nochmals nach bei Barbara: „Und? Ist die Patientin nun gestorben oder nicht?" – „Nein", antwortet sie, „natürlich nicht. Sie ist inzwischen wieder entlassen worden. Aber ich gestehe, dass mir die Frau wirklich leid tut. So eine Wahnvorstellung ist ja einfach nur schrecklich. Hoffentlich geht es ihr zuhause wieder besser."

Heiligabend

Es ist immer ein wunderschön geschmückter, riesiger Tannenbaum, der in der Adventszeit vor dem Haupteingang des Krankenhauses aufgestellt wird. Schön, wenn auch im Krankenhaus der Heiligabend kommen darf. Es gibt kleine Aufmerksamkeiten für die Patienten und Mitarbeiter. Manchmal ziehen Schülergruppen mit einem musikalischen Weihnachtsprogramm über die Stationen. Und doch: Auch der Dienst an Heiligabend kann überaus stressig sein. Und leider bleiben auch die ernsten Momente nicht aus: Das Sterben mitten im Leben. Barbara hat Frühdienst an diesem Heiligabend. In der Nacht war ein Patient mit Mitte 80 gestorben, den Barbara am Abend zuvor noch ins Bett gebracht hatte. Niemand hätte das erwartet. 30 Minuten war vergeblich reanimiert worden. Doch es bleibt keine Zeit, darüber nachzudenken. Ein Patient soll in ein anderes Krankenhaus verlegt werden, er muss „transportfähig" gemacht werden, Medikamente müssen gerichtet, die Sachen gepackt werden. Gleichzeitig gibt es einen jungen, recht sonderbaren Patienten, der ein unglaubliches Duschbedürfnis hat. Er stellt das Wasser kochend heiß ein. Am Abend zuvor sollte Barbara ihn von der Aufnahmestation empfangen und sein Zimmer und Bett zeigen. Doch er ist unauffindbar. Die Kollegin empfiehlt, mal in der Dusche nachzusehen. Das ist nicht schwer, denn es gibt für 21 Patienten nur eine einzige Dusche. Sie ist besetzt. Barbara klopft an die Tür: „Entschuldigung, wer duscht denn da gerade?" Eine Männerstimme antwortet: „Ich." – „Wie heißen Sie denn?" – „Müller". „Machen Sie bitte mal auf!" Die Tür öffnet sich. Ein etwa 25-jähriger, junger, nackter, nasser Mann steht vor Barbara. Sie bittet ihn, das Duschen zu beenden, damit sie ihm sein Zimmer und Bett zeigen könne. Wie der Nachtdienst bei der Übergabe berichtet, hatte dieser Patient nun erneut die halbe Nacht unter der Dusche verbracht. Er sieht aus wie ein Gespenst. Man muss ihn im Auge behalten. Ein weiterer Patient befindet sich im Methadonprogramm. Der Stationsarzt hatte ihm versprochen, dass er Heiligabend nach Hause dürfe. Der Patient hat soweit alles organisiert, muss aber bis 12:30 Uhr in seiner Apotheke sein, um sein Methadon-Rezept einlösen zu können. Gleichzeitig hatte der Stationsarzt allerdings den Schwestern gesagt, es sei nicht sicher, ob der Patient tatsächlich entlassen werden könne, die Oberärztin würde das an Heiligabend klären. Der Patient hatte noch einen zentralen Venenkatheter und sollte noch Infusionen erhalten. Auch war der Entlassbrief noch nicht geschrieben. Der Patient will jetzt aber aus nachvollziehbaren Gründen entlassen werden. Man hatte es ihm ja versprochen. Um 8:30 Uhr informiert Barbara darüber die diensthabende Ärztin und auch über den „Dusch"-Patienten. Der Stationsalltag läuft weiter. Um 10 Uhr kommt der Vater des „Dusch" - Patienten, ist völlig außer sich, wie er seinen Sohn vorfindet und geht Barbara hart an. Sie ruft die Oberärztin an und informiert darüber, dass der Vater mit ihr sprechen wolle. Sie antwortet, dass sie erst die Aufnahmen fertig mache und dann komme. Der Vater zu Barbara: „Was heißt das? Wie lange muss ich warten?" In folgender Situation findet sich Barbara also wieder: Der Vater tigert vor dem Stationszimmer herum und wirft Barbara böse Blicke zu. Gleichzeitig läuft der auf seine Entlassung wartende Patient auf und ab. Dieser Zustand dauert etwa eineinhalb Stunden. Nun hält es Barbara selbst nicht mehr aus, schnappt sich den Patienten, der noch dringend seine Apotheke erreichen muss und bringt ihn zur Aufnahmestation, um dort die Oberärztin zu suchen. Sagt kurz „Hallo! Hier ist der Patient, der auf seine Entlassung wartet!" Barbara ist gerade zurück auf ihrer Station, da klingelt es und die Oberärztin pflaumt Barbara an: „Der Patient kann selbstverständlich nach Hause gehen! Du kannst selbst den Venenkatheter ziehen!" Es war also offensichtlich eine Sache von Sekunden. Das hätte auch schon Stunden vorher entschieden werden können. Der Patient erreicht – ohne Entlassbrief – gerade noch rechtzeitig seinen Bus zur Apotheke. Etwas später kommt die Oberärztin, spricht mit Barbara und dem Vater und verschwindet wieder. Trägt aber Barbara zuvor noch auf, ständig nach dem „Dusch"-Patienten zu sehen, nicht dass er auf einmal tot unter der Dusche liege. In diesem Moment kommt eine Kollegin und bittet Barbara zu einer weiteren Patientin. Sie soll ihr beim Absaugen helfen. Barbara betritt das Patientenzimmer, die Lebensgefährtin sitzt beim Patienten und Barbara spürt sofort, dass der Patient im Sterben liegt. Sie übernimmt – zwischen Tür und Angel – Sterbebegleitung. Beruhigt die Lebensgefährtin, bringt „Ruhe" in die Situation, und der Patient stirbt tatsächlich. Jetzt taucht zum Glück Schwester Jutta auf, um sich um das Weitere zu kümmern, denn inzwischen hat die Oberärztin bei Barbara angerufen, dass der „Dusch"-Patient mit dem Hubschrauber in ein anderes Krankenhaus verlegt wird und in 20 Minuten transportfähig sein soll. Er ist noch unter der Dusche.

Als Barbara gegen 15 Uhr vom Frühdienst kommt, ist der Tisch festlich gedeckt: Kerzen brennen, der Christbaum ist geschmückt und ich habe weihnachtliche Musik eingelegt. Kopfschüttelnd erzählt mir Barbara von ihrem Dienst. Was für eine Verantwortung, die da immer auf einem lastet! Schweigend essen wir ein paar Brötchen, Barbara hat noch die beiden Patienten vor Augen, die gestorben sind. Wie die Familien jetzt Weihnachten feiern werden, fragt sie sich. Als wir am Abend die Christmette mitfeiern, kommen ihr auf einmal die Tränen. Nicht aus Rührung. Was für eine verrückte Welt, in der Geburt und Tod so nahe beieinander liegen können.

Krankensalbung

Ein Patient bekommt Besuch von seinem sich schon im Ruhestand befindenden Gemeindepriester. Der Priester bittet die Schwestern, man solle den Krankenhausseelsorger informieren, dass der Patient die Krankensalbung wünsche. Er selbst habe keine Gerätschaften dabei. Die Angehörigen des Patienten nehmen das Anliegen in die Hand. Am nächsten Tag traut Barbara ihren Augen nicht, als sie in der Patientenakte in der Spalte „Kostform" den Eintrag liest: „Krankensalbung"! Es geht da eigentlich um die Frage, ob Vollkost, Basis-Diät oder Aufbaukost angeordnet worden ist. Ob ein Patient nüchtern bleiben soll oder etwas essen darf. Doch da steht nun „Krankensalbung"! So einen Vermerk hat sie zum ersten Mal in ihrer über 20-jährigen Berufstätigkeit gesehen.

Ich muss auch lachen, als mir Barbara davon erzählt. „Ganz so falsch ist das doch gar nicht!", meine ich. „Der Patient hat sozusagen die 'himmlische Speise' als Kost empfangen, die Krankenkommunion!" – „Ja", erwidert Barbara, „als ich meine Kolleginnen gefragt habe, ob denn Palliativ Care abgeklärt sei, haben sie geantwortet: 'Nein, aber da steht doch Krankensalbung! Das ist besser als jede Patientenverfügung!'"

Danke

Barbara hat Nachtdienst. Sie ist allein auf Station mit 39 Patienten. Ganz klar, dass die Abstände, in denen sie einen

Blick in die Patientenzimmer werfen kann, größer sein können. Eine Patientin wird künstlich ernährt. In der Nacht hört
Barbara Geräusche und sieht nach. Die Patientin, die künstlich ernährt wird, hat erbrochen und ein Teil vom Erbroche-
nen ist in die Luftröhre gerutscht. Wäre Barbara ein bis zwei
Minuten später gekommen, die Patientin wäre an ihrem Er-
brochenen erstickt. Barbara handelt schnell und verschafft
ihr wieder „Luft". Die Patientin lächelt schwach und sagt ein
einziges Wort: „Danke!"

*Mich berührt diese Geschichte sehr, als Barbara sie mir
am Küchentisch erzählt. Fast kommen mir die Tränen. Was
ist das nur für ein „Job", wo es so schnell um Fragen von
Leben und Tod gehen kann? „Weißt du", meint Barbara,
„ich bete immer darum, dass ich zur richtigen Zeit am richtigen Ort sein kann. Für mich war es im Nachhinein ein ei-
genartiger Zufall, dass ich gerade die Tür zu dieser Patientin
hatte offen stehen lassen. Wäre die Türe zu gewesen, ich
hätte die Patientin nicht gehört!" Schweigend essen wir zunächst weiter. „Für mich sind das Schutzengelerlebnisse",
sagt sie eher zu sich als zu mir. „Ich glaube daran."*

Nachwort

Den Leserinnen und Lesern wird es vielleicht ähnlich ergangen sein, wie mir beim Zuhören: Unwillkürlich fragt man sich, wie man selbst in der einen oder anderen Situation reagiert hätte. Hätte man auch diese Geduld aufgebracht? Wäre man aus der Haut gefahren? Würde man diesen Beruf lieben oder sich schleunigst nach Alternativen umsehen? Es gibt in den Krankenhäusern Deutschlands über eine Million Beschäftigte. Im deutschen Gesundheitswesen arbeiten über fünf Millionen Menschen. „Eigentlich liebe ich ja meinen Beruf", sagt meine Frau, aber die Rahmenbedingungen sind kontinuierlich im Laufe ihrer Berufstätigkeit schlechter geworden. Arbeitsverdichtung, umfangreiche Dokumentationspflichten, kürzere Verweildauer der Patienten, Personalabbau – alle kennen wir die Parameter dieser sich abzeichnenden Krise. Daran wird sich auch in den nächsten Jahren nicht viel ändern. Aber ändern können wir den Blick auf die Menschen, die in diesem Beruf tätig sind. Als Patienten, als Angehörige, als Verantwortliche in den Personalabteilungen und in der Politik. Krankenschwestern sind heute längst keine Diakonissen mehr. Sie sind Dienstleisterinnen mit Herz und Verstand und haben Rechte, die oft genug mit den Füßen getreten werden: Das Recht auf gesetzliche Pausen in einer Schicht, auf regelmäßige Fortbildungen, das Recht

Überlastungsanzeigen zu schreiben, das Recht auf ungestörten Urlaub. Wertschätzende Äußerungen von Patienten und Angehörigen wie „Ihr seid ein tolles Team" oder „Ihr habt einen ganz schön stressigen Job – vielen Dank für Eure Mühe!" freuen das Pflegepersonal, doch es braucht darüber hinaus einen gewaltigen „Ruck" durch die Republik, durch die Leitungsebenen und die Politik, um den berechtigten Verdacht zu entkräften, dass es letztlich immer nur um das Geld gehe. Sinngemäß hat es ein Politiker der Linken einmal so formuliert: „Es spiegelt doch die Sicht einer Gesellschaft wider, die es hinnimmt und für normal und gut erachtet, dass die Menschen, denen wir unser Geld anvertrauen und die unsere Finanzen jonglieren, Gehälter einstecken, die einen atemlos machen und die Menschen, denen wir unsere Kinder in Tagesstätten, unsere Kranken und Alten in Krankenhäusern und Heimen anvertrauen, oft am Existenzminimum leben und Nebenjobs haben, um ihr Leben überhaupt finanzieren zu können. Das ist ein Skandal und eine Bankrotterklärung unseres menschlichen Daseins!" Dem ist eigentlich nichts hinzuzufügen. Es gibt also noch viel zu tun und wenn dieses Buch dazu etwas beitragen kann, dann hat es seinen Zweck erfüllt.

So bedanke ich mich jetzt auch bei Ihnen, liebe Leserin, lieber Leser. Wenn Sie selbst eine Geschichte beizusteuern haben, die charakteristisch ist für unser Gesundheitssystem, schicken Sie die Geschichte mit einer Abdruckerlaubnis an antonfrank99@gmx.de . Vielleicht gibt es ja eines Tages einen Folgeband mit 99 weiteren Geschichten, eingesandt von den Leserinnen und Lesern dieses Buches. Ich würde mich freuen!

Die hundertste Geschichte: Widmung und Dank

Es war eher eine spontane Entscheidung, meiner Frau für dieses Buch den Namen „Barbara" zu geben. Als das Manuskript gerade fertig gestellt war, erzählt mir meine Frau noch folgende Geschichte: Sie sei auf ihrer Station an zwei Patienten, die auf einer Bank saßen, vorbei gelaufen. Da hört sie den einen Patienten zum anderen Patienten sagen: „Schau mal, das ist doch Schwester Barbara!" Meine Frau fühlt sich wie vom Blitz getroffen, bleibt kurz stehen, versäumt es aber, die Patienten danach zu fragen, wie sie denn gerade auf den Namen „Barbara" gekommen seien.

So widme ich dieses Buch meiner Frau „Barbara", die ihr Lachen, ihre Ausgeglichenheit und Lebensfreude nicht nur ihren Patientinnen und Patienten zugute kommen lässt, sondern auch mich immer wieder damit beschenkt. Um es mit den Worten eines Patienten zu sagen: „Wenn ich Sie sehe, dann geht in mir die Sonne auf!"

Sollte beim Lesen der Eindruck entstanden sein, nur ich würde kochen und Essen zubereiten, dann darf ich Ihnen versichern: Sie ist die bessere Köchin und hat im Schnitt wohl auch mehr mit der Essenszubereitung in unserem Haushalt zu tun wie ich.

Ganz herzlich möchte ich meiner Familie und all den Freundinnen und Freunden danken, die geduldig die ersten Buchfassungen gelesen und korrigiert haben. Ihre Anregungen und ihr Blick auf den Inhalt des Buches haben mir wertvolle Hinweise gegeben.

Nicht zuletzt auch ein großes Dankeschön an alle Kolleginnen und Kollegen meiner Frau „Barbara" auf der „Station 9". Ohne dieses gute Team wäre die Arbeit dort kaum zu schaffen. Sie stehen stellvertretend für all die Menschen, die in den Pflegeberufen eine der wichtigsten gesellschaftlichen Aufgaben erfüllen: Menschen in den schwersten Phasen ihres Lebens beizustehen und sie „professionell" zu begleiten.

www.ingramcontent.com/pod-product-compliance
Lightning Source LLC
Chambersburg PA
CBHW051307250726
48656CB00004B/1520